editorial Sol90

图说人类文明史

古埃及

西班牙 Sol90 出版公司 编著

同文世纪 组译　骆冰茹 译

中国农业出版社
农村读物出版社

北　京

图书在版编目（CIP）数据

图说人类文明史. 古埃及 / 西班牙Sol90出版公司编
著；同文世纪组译；骆冰茹译. —— 北京：中国农业出
版社，2024.9
ISBN 978-7-109-29146-1

Ⅰ. ①图… Ⅱ. ①西… ②同… ③骆… Ⅲ. ①文化史
－埃及－古代－通俗读物 Ⅳ. ①K103-49

中国版本图书馆CIP数据核字（2022）第028551号

GRANDES CIVILIZACIONES DE LA HISTORIA

Antiguo Egipto

Author: Editorial Sol90

Based on an idea of Daniel Gimeno
Editorial Management Daniel Gimeno
Art Direction Fabián Cassán
Editors 2019 Edition Joan Soriano, Alberto Hernández
Writers Juan Contreras, Gabriel Rot
Research and Images Production Virginia Iris Fernández
Proofreading Edgardo D'Elio
Producer Marta Kordon
Layout Luis Allocati, Mario Sapienza
Images Treatment Cósima Aballe
Photography Corbis, Science Photo Library, Getty, Sol90images
Illustrations Dante Ginevra, Trebol Animation, Urbanoica Studio, IMK3D, 3DN, Plasma Studio, all commisioned specially for this work by Editorial Sol90.
www.sol90images.com

图说人类文明史

古埃及

中国农业出版社出版

地址：北京市朝阳区麦子店街18号楼
邮编：100125
项目策划：张志　刘彦博　　责任编辑：刘彦博　　责任校对：吴丽婷　　责任印制：王宏
翻译：同文世纪 组译　骆冰茹 译　审定：刘嘉仁　丛书复审定：刘林海　封面设计制作：张磊　内文设计制作：张磊
印刷：鸿博昊天科技有限公司
版次：2024年9月第1版
印次：2024年9月北京第1次印刷
发行：新华书店北京发行所
开本：889mm×1194mm　1/16
印张：6
字数：200千字
定价：98.00元

图说人类文明史

古埃及

目 录

前言：永恒的沃土

制作于公元前 2 世纪的象征死神阿努比斯（Anubis）的胡狼形状陪葬小雕像，古埃及人将其放置在死者的坟墓中，借以帮助灵魂抵达冥界。

    法老时代的古埃及是人类最古老的文明之一，它的魅力让研究人员的好奇与惊叹难以息止。随着挖掘手段日益现代化，考古挖掘向沙漠腹地不断推进，更多伟大的、此前从未为人所知的新遗迹见诸于世。考古的新发现不断地为对古埃及的技术、哲学和艺术等领域的探索与研究提供新的方向。尽管埃及在其整个历史当中一直与亚洲、非洲和欧洲的其他民族联系紧密，但很少有文化像它那样构成了一个紧凑而封闭的世界。历史上埃及曾是侵略者，也曾屡被征服，但这些胜败均未能改变其在公元前 3000 年前的尼罗河河谷中锻造出来的特性。

    埃及金字塔不仅是法老之地的象征，更是特定世界观的具体体现。实际上，这种世界观是一种完全的等级分层制度的社会模型，受到绝对垂直的管理体系的支配。该模型上至位于权力顶层的法老，下至广大农民和奴隶阶层。将这种金字塔型社会融合在一起的是一种宗教信仰，即在整合了各方诸神之后将其组织为一个整体，而这种信仰的领导者就是法老本人，他同时享有人格与神格的双重特性。

    埃及的超大型纪念性建筑和雕塑体现了这种伟大和永恒的禀赋，将尘世与来世融为一体。而这种至高无上的权力并未导致社会发展缓慢或瘫痪。相反，古埃及人革命性

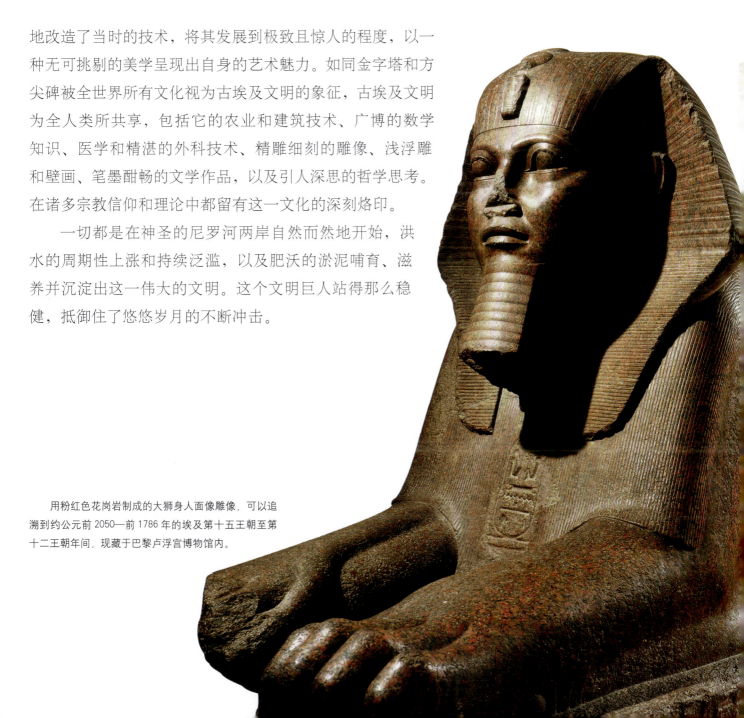

地改造了当时的技术，将其发展到极致且惊人的程度，以一种无可挑剔的美学呈现出自身的艺术魅力。如同金字塔和方尖碑被全世界所有文化视为古埃及文明的象征，古埃及文明为全人类所共享，包括它的农业和建筑技术、广博的数学知识、医学和精湛的外科技术、精雕细刻的雕像、浅浮雕和壁画、笔墨酣畅的文学作品，以及引人深思的哲学思考。在诸多宗教信仰和理论中都留有这一文化的深刻烙印。

　　一切都是在神圣的尼罗河两岸自然而然地开始，洪水的周期性上涨和持续泛滥，以及肥沃的淤泥哺育、滋养并沉淀出这一伟大的文明。这个文明巨人站得那么稳健，抵御住了悠悠岁月的不断冲击。

　　用粉红色花岗岩制成的大狮身人面像雕像，可以追溯到约公元前 2050—前 1786 年的埃及第十五王朝至第十二王朝年间，现藏于巴黎卢浮宫博物馆内。

概述：尼罗河的馈赠

很难想象，没有尼罗河是否还会有古埃及的存在。尼罗河周期性暴发的洪水以及滋润的肥沃土地不仅支撑起了一个国家的经济和政治命脉，更在思想上浸透了人们对生死的理解。随着几个世纪的发展，农业的空前繁荣促使尼罗河流域各部落纷纷安居，相互融合更加深入。尽管仍有矛盾，但同为尼罗河的子孙，他们始终团结在一起。◆

神圣的泥土

每年的7月中旬，尼罗河水就会遵循着稳定的规律开始上涨。洪水汹涌而来吞没沙地，退去时则留下一层深色的泥土，古埃及人称之为"黑土"。黑色土壤的养分满足了植物生长的需求，让谷物茁壮成长，人们有足够的面包可以食用；让莲花绽放，人们有香料可享。这片肥沃的土地还滋养着纸莎草的生长，让人们可以做出纸莎草纸去记录那无与伦比的灿烂文明。

吉萨高原的奇迹

在公元前2500年左右的吉萨高原上，古埃及修建了第四王朝的三座大金字塔，它们属于孟菲斯大墓地的一部分，绵延40多公里。那里不仅保留着法老的遗物，还与周边修建的寺庙、陵墓、狮身人面像和小型金字塔一同构成了庞大的墓葬群遗址。在胡夫法老主政时期，吉萨高原的发展达到了顶峰。

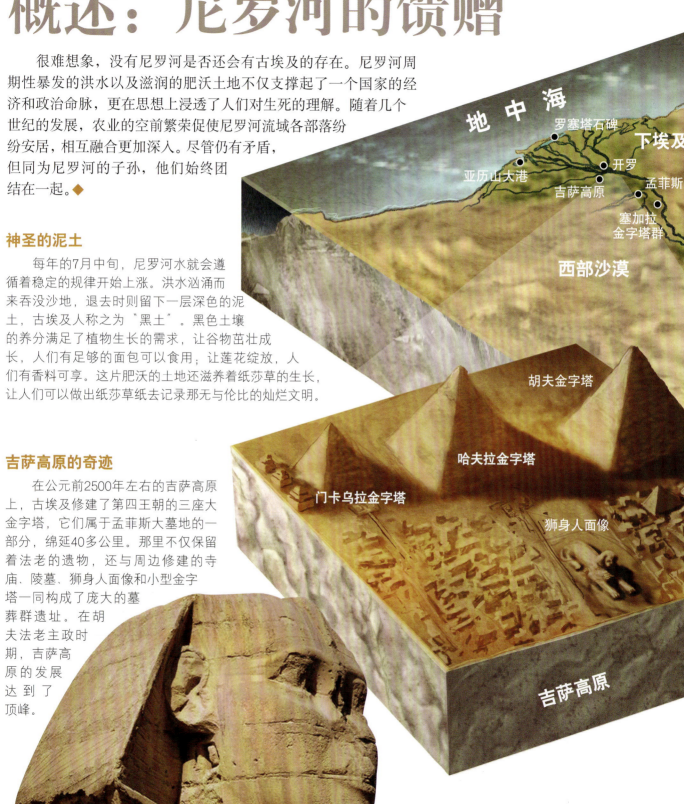

地中海

罗塞塔石碑

下埃及

亚历山大港

开罗

吉萨高原

孟菲斯

塞加拉金字塔群

西部沙漠

胡夫金字塔

哈夫拉金字塔

门卡乌拉金字塔

狮身人面像

吉萨高原

最繁荣的埃及

尼罗河三角洲的土壤最为肥沃，下埃及也是最富裕的地方。尤其是这里作为帝国与地中海地区的枢纽和要塞，不仅是商贸往来最集中之处，同时也是船只在北部地区穿行圣河——尼罗河时的首选航道。

埃及

东部沙漠

红　海

阿马尔那

卡纳克

卢克索

上埃及

阿拜多斯

底比斯

埃德夫

考姆翁布

国王谷

合特谢普苏特女王神庙

阿布辛贝

卡纳克神殿

努比亚沙漠

努比亚沙漠

阿布辛贝神庙

《圣经》中的芦苇海

在《圣经》中，红海也被称为芦苇海，犹太人从这里逃离埃及，摆脱法老的奴役，复活节传统的产生也与此地有关。

上下埃及

尼罗河帝国的建立并不容易，内部冲突始终不曾停歇。下埃及和上埃及耗费了很长时间才最终合并成一个帝国。维护领土的统一是法老们最为艰巨的任务之一。

历史和社会组织

历史和社会组织

尼罗河的儿女

正如希腊历史学家希罗多德（Herodoto）所说："埃及是尼罗河的恩赐。"在公元前13000—前10000年，这条河流流经的山谷被大量雨水浇灌，河水流量大大增加，草原面积扩大。气候变化导致的环境变化吸引了新的物种到来，如不同品种的野驴，以及小米、高粱和非洲大米等各种农作物。与此同时，掌握了种植作物和驯养家畜方法的猎人与采集者也抓住了新生态系统带来的生存良机。农业和畜牧业的发展使人们从游牧生活逐渐过渡到农耕生活。从此，在新石器时代尼罗河谷出现的小部落中，古埃及文明诞生了。

6月底，在阿比西尼亚季风带来的大雨浇灌下，尼罗河水量大增，水体由于携带了大量的植物残骸而呈绿色。山顶积雪融化，夹带着红色黏土的雪水也为尼罗河水暴涨贡献了一份力量，最终汇成汹涌的大洪水。当洪水退去时，贫瘠的土地上留下肥沃的淤泥，这正是农业发展所需的最好肥料。当时在河谷定居的族群还学会了如何治理洪水，创建了有利于农业发展的灌溉系统。较为发达的定居点率先出现了生产过剩，这种过剩促进了贸易的发展，同时也催生了先进地区对落后地区的霸权统治。从考古发掘中可以了解到，在公元前4000—前3000年，巴达里、法尤姆、阿姆拉、涅伽达、卡乌和格尔津等聚集地已各具特色。发掘出土的文物表明，当时的工具和武器已经发展到非常先进的程度。同期出土的小雕像也证实，以哈托尔女神（Hathor）为中心的宗教信仰体系初具雏形。哈托尔女神是富裕和繁育之神，以人身、牛头和牛角的形象示人。

公元前3000年左右，经济的发展引发了一场城邦革命：那些强大的部落变成了城邦，在这些城市中，逐渐出现了社会统治的基本形式，即国家的形式。在这些城邦中，人们建起了宫殿、王室墓地、寺庙、祭祀和军队所用的房屋居所，以及谷物粮仓和商品货仓。上埃及一个叫做尼肯的小城邦更是脱颖而出，希罗多德称其为希拉康波利斯，通过与其他城市结盟，它很快就吞并了全部领土，建立了霸权。

统一与纷争

在这一时期的初期，整个埃及社会的基本结构已逐渐成形。权力中心从尼肯转移到了位于河网纵横的尼罗河三角洲重地——孟菲斯。君主专制制度具有明显的军事和宗教特征，至高无上的王权掌握在法老手中。基本国策是维护上埃及与下埃及之间的统一，抵制游牧部落的侵扰，并对金矿和宝石矿进行开采。君主同时佩戴代表北部上埃及的白冠和代表南部下埃及的红冠，旨在呼应和巩固这种统一政策。

❖ **蓝色，尼罗河的颜色** 制作于约公元前1900年的陶瓷小雕像。蓝色代表尼罗河水的颜色，多用于给以生活在其流域或两岸的动物为形象创造的雕塑着色。

❖ **吉萨狮身人面像**　依照法老哈夫拉 (Kefrén) 面容肖像建造的头像，镇守埃及第四王朝法老墓地，高度约 20 米，长度约 73 米。

❖ **双耳彩绘陶瓶** 带有尼罗河上游河岸特色的装饰图案 (前3500—前3100)。

起初，下埃及不断发生暴乱。在法老阿涅德吉布 (Anedjib) 统治期间，反叛力量尤为突出，为此他不得不开始平乱。到了法老亚瑟西姆 (Jasejem) 统治期间，在荷鲁斯神 (Horus) 与塞特神 (Seth) 的追随者之间爆发了一场圣战。来自下埃及的叛乱分子袭击了上埃及古老的宗教中心尼肯，法老亚瑟西姆取得了最终的胜利。为了铭记这一胜利，他甚至颁布法令更改名号，将意为"唯一王权"的"亚瑟西姆"变更为"亚瑟祖木姆" (Jasejumu-ym)，意为"双重王权"。

公元前2200年左右，在佩皮二世 (Pepi II) 统治期间，政治局势进一步恶化：严重的干旱和尼罗河水量减少导致了饥荒，最终成为人民起义的导火索。来自亚洲的部落入侵更是加快了孟菲斯王权统治的终结。赫拉克列奥波里的君主阿赫托伊 (Actoes) 也被称为杰特一世 (Jety I) 发动政变，推翻了孟菲斯的最后一任国王尼尼杰利卡拉 (Neferikara)。公元前2020年，底比斯的孟图霍特普二世 (Mentuhotep II) 征服了赫拉克列奥波里，并统一了整个埃及，标志着中王国时期的开始。

中王国时期的埃及

孟图霍特普二世加强了军队建设，并重组了行政体系。他强化了"维齐尔"（类似于现今政府总理）的行政职

农业生产

当时的主要农作物是谷物：人们用二粒小麦做面包，用大麦酿啤酒。在希腊罗马时期，小麦被正式引入埃及。埃及的主要农作物还有豆类，例如扁豆和鹰嘴豆。至于蔬菜，人们种植不同种类的生菜、大蒜和洋葱；而水果则以枣类为主，并为家畜种植草料。这些家畜被饲养得十分精细，不仅皮毛亮滑，肉质也很细嫩。同时，他们还种植了芝麻类作物，用来榨取芝麻油。古埃及人使用的甜味剂主要是蜂蜜。当时，尽管他们食用绵羊、猪、山羊和羚羊等的肉，不过最珍贵的肉是牛肉。禽类是富人的美味佳肴，鸽子最受青睐，其次是鸭和鹅。养鸡业在希腊罗马时期传播开来。人们在三角洲西部种植了葡萄藤，在绿洲酿造了葡萄酒。最常见的含酒精饮品是在作坊生产的啤酒，不过口感粗糙。亚麻的种植和莎草纸的提取也很重要，它们被用于制作衣服、船帆和绳索。枣椰树的枝叶被用于制造纤维。

能，直接任命各省省长，并受其垂直领导。此外，他还设立了贵族官僚集团的会议制度，共商国是。他自封众神之首太阳神"拉" (Ra) 的儿子。他集中自己的军事力量进攻比亚，重新建立了贸易路线，并重新启动了采矿活动。

王位的争夺战严重削弱了王国的运势。公元前1991年中期，权臣维齐尔阿蒙涅姆赫特 (Amenemhat) 趁机夺取王位。为了避免王权争霸悲剧的一再上演，在执政20年后，他将王冠传给了率领军队征战努比亚的儿子塞索斯特里斯一世 (Sesostris I)。塞索斯特里斯一世登上王位之后，随即对库什地区发动了战争，缴获了大量的金、铜、雪花石膏和闪长石矿。这笔财富的注入使尼罗以

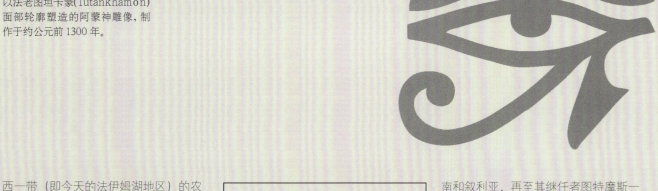

❖ **阿蒙神** 卡纳克神庙中供奉着以法老图坦卡蒙(Tutankhamón)面部轮廓塑造的阿蒙神雕像，制作于约公元前1300年。

西一带（即今天的法伊姆湖地区）的农业生产得到了空前发展，为这一地区最终成为帝国粮仓奠定了基础，也促使阿蒙涅姆赫特三世（Amenemhat Ⅲ）于此地修建了自己的陵墓，并在连接湖、河的运河入口处竖立了两尊巨大的雕像。在此阶段，埃及的贸易路线从红海拓展开来，与香料生产国邦特（即今天的索马里）建立了商贸往来。埃及还与当时的海上霸主克里特岛保持着商贸往来，同时也与比布鲁斯市（现属黎巴嫩）通商，当时该地是地中海东部主要的木材供应商。

公元前1800—前1500年，来自外部的游牧民族，尤其是利比亚人和亚洲人侵略埃及。这些入侵者在当时被统称为喜克索斯人。公元前1720年左右，索贝克霍特普四世（Sebekhotep IV）统治期间，由萨利提斯（Salitis）领导的喜克索斯人占领了阿法利斯，距堪提尔（今天的太尔·达巴）只有几千米之远。在占据尼罗河三角洲东部以后，他们攻陷了孟菲斯。直到阿赫摩斯一世（Ahmosis I）时，埃及才将喜克索斯人赶出了尼罗河三角洲，结束了侵略者对埃及的统治，夺回王权并建立了新帝国。

埃及的新帝国

公元前1550—前1525年，法老阿赫摩斯一世率军深入，攻占了现在的加沙地带和努比亚。在他的儿子阿蒙霍特普一世（Amenhotep I）统治时期，即公元前1525—前1504年，埃及边界扩张至迦

社会等级制度

古埃及的社会和政治体制带有神权色彩，背靠尼罗河，将宗教的精神层面和物质生活联系在一起。信仰与日常生活的这种统一，预示着物质和精神的所有力量都集中在一人——法老本人身上。由此可以说，用原意为"大房屋"的"法老"一词指代自身，其实是非常有深意的。正是这种身份，使其在代表王权的政治统治和代表神权的祭司集团中处于权力最高点，并被奉为众神之王，当然，整个王室均具有这种神权色彩。顶层之下是祭司集团，然后是行政官员。这其中，抄写员是非常重要的角色，他负责写下帝国法律和法令、各种报告、商业协议和神谕经文等。第四层是武官军士，第五层是商人和工匠。农民组成了第六级社会阶层，在其之下是最低的阶层，即被剥夺权利并需要劳苦工作的奴隶。

南和叙利亚。再至其继任者图特摩斯一世（Tutmosis I，前1504—前1492在位）时，埃及运用纵横之术，与征途中遇到的各民族结盟联合，将领土扩张至美索不达米亚地区。

法老位的合法性是通过与其姐妹通婚来实现的，其目的就是要保证法老世世代代都拥有最纯正的血统。图特摩斯二世（Tutmosis II）死后，由于没有合法的男性继承人，他同父异母的姐姐，也就是他的王后，哈特谢普苏特（Hatshepsut）登基称帝。在阿蒙神祭司的支持下，她夺走了图特摩斯二世的儿子图特摩斯三世（Tutmosis III）及其第二任妻子的权力，被尊奉为法老，直到哈特谢普苏特死后，图特摩斯三世才得以重掌大权。他的远征军到达了塞浦路斯、克里特岛和巴比伦。他在卡纳克、赫里奥波里斯和孟菲斯都建立了寺庙。图特摩斯四世（Tutmosis IV）也如法炮制，

❖ **巨像群** 图为康翁波神庙的石柱，宏伟的建筑巨像，雕刻有奥西里斯神（Osiris）、法老及其他神灵的图像。

❖ **拉美西斯二世** 法老
拉美西斯二世的雕像，位于卢克索神庙。巨大的雕像反映了统治者至高无上的地位。

建造了专门用于祭祀太阳神阿蒙神的寺庙。

多股地方势力为争夺更大的专制政权和宗教神权而不断与中央政权对抗。公元前1352—前1335年，阿蒙霍特普四世（Amenhotep IV）改信阿顿神（Atón），摒弃了阿蒙神。他还自我更名为埃赫那吞（Akhenatón），即"太阳神阿顿的仆人"，并将首都由底比斯迁至帝国中部的阿马纳地区，同时更名为埃赫塔顿，即"太阳神德泽所被之地"。这项政治和宗教改革加剧了法老与祭司集团的矛盾，因为后者极力主张将受众更广的阿蒙神奉为主神。对阿蒙神信仰的压制促使祭司集

团与游牧部落的喜克索斯人结盟，后者天性好战，一直野心勃勃，试图深入尼罗河谷，也就是埃及的心脏地带，从而影响了贸易路线的正常运作。与此同时，赫梯人从安纳托利亚中部赫梯王国发起攻势，对埃及帝国虎视眈眈。埃赫那吞的继任者图坦卡顿（Tutankhatón）将自己更名为图坦卡蒙，恢复了阿蒙神的崇拜体系。从此，埃及进入了一个新的稳定阶段。

这种稳定的局面因拉美西斯王朝的崛起而告终，拉美西斯王族成员，以拉美西斯一世（Ramsés I）为例，他是手握军权的维齐尔，利用亚述人对赫梯王国发起进攻之际，趁机从赫梯人手中夺回了大片领土，尤其是卡迭石地区。在法老拉美西斯二世（公元前1290—前1224年在位）的统治下，埃及的扩张达到了一个新的高峰。与阿布辛贝神庙同时期，卢克索地区和卡纳克地区也兴建了神庙，这些都是王朝留给后世的宝贵遗产。

黑暗时代

在公元前13—前11世纪，小亚细亚和地中海盆地地区混战不断，时局动荡。在亚述夺取了赫梯的铜矿之后，埃及与赫梯王国之间的商业贸易横生枝节。赫梯王国占领了塞浦路斯，寻找铜和锡，铜是制造青铜器必需的原料。这就意味着，阿卡亚人，即未来希腊伯罗奔尼撒的祖先，不得不撤离该岛。沿海城市的海盗和抢劫令传统贸易路线变得危机四伏。拉美西斯二世的继任者，他的儿子麦伦

普塔赫（Merenptah，公元前1224—前1214在位）不得不面对这一"黑暗时代"。在随后的几十年中，冲突日益加剧。根据底比斯史料记载，当时爆发了"不纯者之战"，位于赫里奥波里斯的叛逆的塞特神追随者与位于底比斯的虔诚的阿蒙神信奉者之间展开了圣战。这场对抗以帝国的分裂告终：斯蒙迪斯（Sesmades）在下埃及宣布自己成为法老，而利比亚雇佣军将军赫里霍尔（Heryhor）则占领了剩余的领土，同时称帝。

两个君主国家的对立为其他权力中心的建立提供了可乘之机。尼罗河三角洲孕育出强大的赫拉克列奥波里；赫莫波利斯与利比亚部落结盟，夺取了埃及中部地区的霸权；而在公元前725年，位于尼罗河三角洲最西端塞易斯地区的莱托波利斯实现自治。自此，古埃及的命运早已注定。公元前716年，库施（努比亚）的国王皮耶（Piye）在底比斯设立一位公主，并宣布她为阿蒙神的最高崇拜者。新的库施王朝在孟菲斯建立首都，这是埃及帝国的核心地带，它试图从这里向巴勒斯坦地区进军，可惜却与亚述兵戎相见。亚述帝国在提革拉·毗利色（Tiglath-Pileser）、沙勒曼尼瑟五世（Salmanasar V）、萨贡（Sargón）和辛那赫里布（Senaquerib）几代国王的领导下，先后吞并了以色列王国和犹太王国，逐步向尼罗河流域推进，而巴尼拔王（Asurbanipal）已经在底比斯磨刀霍霍。随着时间的流逝，新的征服者如浪潮般袭来，加速了埃及文明的衰落。

一门名为埃及学的新学科

　　"士兵们，你们想想，从这些金字塔的顶端向下望去，有 40 个世纪的历史供我们欣赏！"拿破仑（Napoléon）在 1798 年登陆埃及时对驻扎在金字塔脚下的部队说。尼罗河之国对法国来说是一个重要的目标，除了士兵和武器，拿破仑还为自己配备了一支由科学家和学者组成的庞大团队，他们不仅随他征战四方，还创立了一门新学科——"埃及学"。

　　拿破仑带着巨大的雕塑和建筑作品回到巴黎，今天，我们在卢浮宫博物馆中仍然能看到他的战利品。事实上，殖民者的贪婪不仅体现在经济上的掠夺，更体现在文化上的侵占。随后，通往欧洲的财富之路——苏伊士运河开通，其他欧洲大国（如英国和德国）也鼓励创建许多致力于研究埃及学的大学教席和研究机构。西方人对法老之地如此充满热情，连娱乐场所剧院也难以保持平静。苏

　　伊士运河开放后的一年，1871 年 12 月 24 日，威尔第（Verdi）创作的以古埃及传说为背景的歌剧《阿依达》（Aída）在开罗首演。不过，威尔第本人没有出席演出活动，他在给里科尔迪（Ricordi）的信中写到："我担心埃及人会把我做成木乃伊。"

❖ **拿破仑领导的金字塔战役**　1798 年 7 月 21 日，安东尼·格罗斯（Antoine Gros, 1771–1835）创作。

法老，凡躯与神格

毋庸置疑，法老站在古埃及权力的巅峰，他是臣民命运的主宰者，是整个凡尘世界等级制度的管理者。因同时兼具"人与神"的双重特质，法老成了神明在人间的代理人，无论是人、动物还是草木，都要通过法老才能与上天沟通。因此，法老的外在形象绝不仅仅是传统风格的统治者，而且是一种情景再现，即用一种极致的理想化和抽象化手法来进行表达。古埃及人忠诚且永恒信仰社会等级制度，他们通常用以纯几何形式的象征主义表现手法来对此予以呼应。◆

雕有拉美西斯三世（Ramsés Ⅲ）形象的盾牌。

法老拉美西斯三世面对太阳神"拉"（约前1186−前1069）

献给众神的祭品

从葬礼壁画的细节中可以看出，法老拉美西斯三世在面对太阳神"拉"时，即刻奉上祈愿的祭品。这幅画在他的墓穴中被发掘，描绘了亡灵摆渡的关键时刻：经历了尘世的死亡之后，亡灵必须面对面地接受众神的审判，他们决定着亡灵是否能在阴间享有幸福的生活。当然，由于法老拥有"人与神的双重特质"，他完全能够转世重生。太阳神"拉"或其他神将其抱在怀中，代表众神对死去法老的永恒不变的欢迎和情谊。

进献　在黑暗的冥界，光芒作为祭品被献给奥西里斯神。

石板　附在腰带上，象征着通过书写指令来行使王权。

细绳　悬挂在腰部，是进行体力劳动的象征。

图坦卡蒙的王座

法老的宝座部分由纯金和贵重木材雕刻而成，并镶嵌有宝石，制造时间可追溯到公元前1347—前1337年。座位两侧的狮子头寓意无可置疑的权力。狮子，就其本身而言，它生存在美索不达米亚平原，但有趣的是，作为万兽之王的一种象征，它被传到埃及，并通过古希腊和古罗马传遍世界。

❖法老图坦卡蒙的王座，制作于公元前14世纪。

创作于公元前15世纪的法老图特摩斯三世的雕像

小法老图特摩斯三世

　　法老图特摩斯三世的雕像汇集了一系列细节，详细介绍了这位君主的生平。图特摩斯三世于公元前 1479 年至公元前 1425 年在位，在其统治期间，埃及迎来了一个领土扩张时期。他幼年上位，与继母哈特谢普苏特共同执政、共享王位。哈特谢普苏特将野心勃勃、欲图谋朝篡位的权臣伊涅尼（Ineni）彻底铲除。在大权独揽期间，图特摩斯三世击败了努比亚部落，并将埃及的贸易版图扩大到伯罗奔尼撒和巴勒斯坦。

法老冠 一个大头饰，像胸饰一样覆盖了胸部的一部分。

猎鹰 法老权威的象征，身为猛禽，它既能在天空翱翔，又能捕食地面上的猎物。

胡　须 强调父权制帝国最高统治者的阳刚之气。

带　扣 图特摩斯腰间的带扣由黄金制成，带有十三王朝的标志。

短裙 独特的男式短裙，当时的女性则穿着长款衣裙。

不同的王冠

　　王冠是法老的象征，并象征不同的神明。

白冠
白色长形的王冠，也称为 hedyet，与塞特神有联系。

红冠
带一个卷曲的装饰物，也被称为desheret，与荷鲁斯神有关。

双冠
象征着白冠和红冠的结合，即上、下埃及 "两个王权" 的统一。

阿泰夫王冠
由白冠衍生出的王冠，在白冠上另加两只鸵鸟羽毛，与亡者之神奥西里斯相关。

蓝冠
形状像一个蓝色的帽子，用布制成，与乌雷塞考女神（Uerethekau）有关。

双羽冠
饰有两根猎鹰羽毛，象征女神维阿杰特（Uadyet）和奈库贝特（Nejbet）的联合。

统治阶级

　　作为荷鲁斯神在人间的化身，法老对世间万物生灵拥有绝对的权力。他亲自任命维齐尔、祭司、将军和其他高级官员。王室是法老等级制度的延伸，而且只有王室才是他在人间神化的部分体现，但是，这种统治构架的实行并不总是一帆风顺。埃及帝国内部的紧张局势，特别是下埃及与上埃及之间剑拔弩张的关系，再加上与其他国家和人民的冲突，迫使法老不得不采取结盟政策，这实际上也意味着权力的分散和转移。地位相当于领主的诺姆长、神职人员和军阀不断密谋反抗以法老为中心的中央集权制度。◆

古埃及王室近亲结婚，甚至有悖人伦。上图为法老图特摩斯四世与他的母亲皇后提娅（Tiaa）分享王位。

壁画，绘于公元前1400—前1390年，为尼罗河沿岸的狩猎和捕鱼场景

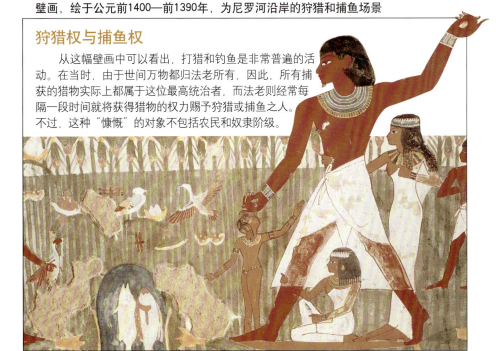

狩猎权与捕鱼权

　　从这幅壁画中可以看出，打猎和钓鱼是非常普遍的活动。在当时，由于世间万物都归法老所有，因此，所有捕获的猎物实际上都属于这位最高统治者，而法老则经常每隔一段时间就将获得猎物的权力赐予狩猎或捕鱼之人。不过，这种"慷慨"的对象不包括农民和奴隶阶级。

牛角 哈托尔女神的王冠将荷鲁斯的太阳盘嵌在了一对牛角之间。

连衣长裙 身着紧身且长及脚踝的连衣长裙，肢体丰满，婀娜多姿。这也是古埃及女性常见的着装风格。

左脚 哈托尔女神左脚略向前探出，这是她占据主导地位的标志。她的名字意为"荷鲁斯的家"，与法老的母亲或妻子有关。

阶级 亡灵之间依然延续等级划分。从公元前1160年的壁画中可以看到，在涉及"与仆人和奴隶一起死亡"的场景时，在冥界处于统治阶级的神灵们的形象比仆人更显高大，而仆人们则近乎赤裸。

归还

　　如右图所示，在葬礼石碑上，通常死者要将生活中享有的所有财产归还法老，因为法老是荷鲁斯神在人间的代理人。

◆ 家族葬礼碑（前1567—前1320）

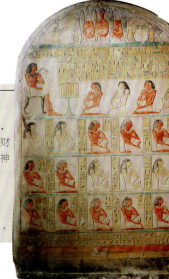

《孟卡拉王三人组雕像》，可追溯到公元前 2500 年—前 2482 年

《孟卡拉王三人组雕像》

　　这组雕塑雕刻于法老孟卡拉（Micerino）统治期间（前 2490—前2472），在吉萨墓葬群的山谷神庙中被发掘出土。法老孟卡拉以占主导地位的姿态出现在中央，两侧分别是女神哈托尔和一位戴着蝙蝠头饰的女神，这组雕像与法老孟卡拉合法成为两地之主有关。

动物　该动物将在法老死后继续在冥界保护法老。

拉美西斯二世，一代传奇法老

　　如下图所示，墓葬壁画于拉美西斯二世统治时期（公元前 1250 年左右）绘制而成。可以看出，一排女性角色向已故法老的魂灵献上自己的贡品和礼物。拉美西斯二世是法老塞提一世（Sethi I）和王后图雅（Tuya）的儿子。14 岁时，他的父亲就任命他为摄政王。16 岁时，拉美西斯二世指挥军队征战四方。那时他已经成婚，并育有 4 个子女。他与赫梯人和迦南人作战。据说，在战争之初由于轻敌冒进，拉美西斯二世一度失去了对军队的控制，但最终在卡迭石战役中击败了由穆瓦塔里二世（Muwatallis II）率领的赫梯军队。

❖ 这块石碑碎片（前1314—前1200）生动展现了朝臣列队觐见法老的场景。

祭司集团

　　如果说有一种文明被宗教浸透，完全不被世俗影响，那就是古埃及文明。作为社会结构的重要组成部分，祭司集团仅仅屈居于法老及王室之下，同为享有最高统治权的阶层。他们手握神在人间的居所——寺庙的管理权，一生致力于对众神的供奉和祭拜。他们由于洞悉来世、通晓灵力而深受信众的畏惧和尊敬，因为当死亡来临时，没有人希望自己在冥界受到惩罚。◆

胡狼造型的葬瓮，象征多姆泰夫神（Duamutef），瓮内装有杰斐法伊三世（Djefaihapy Ⅲ）的胃器。

大祭司梅里和他的妻子特纳尔的雕像

大祭司

　　梅里，也被称为内赫布（Nekhebu），是法老指派的大祭司。他是皇家工程建设的主管人，据史料记载，他的名字意为"两座宫殿的建造者"。众所周知，他负责建造佩皮一世（Pepil）的金字塔。他的妻子特纳尔也受到当时上埃及贵族阶层的崇拜。

供桌　如下图，供桌上有一些盘状分区，用来放置不同的物品。在桌子中央可以观察到一些象形文字。

卡纳克神庙和卢克索神庙

　　下图为卡纳克神庙，用于崇拜阿蒙神，是新王国时期最具影响力的宗教中心。这座建筑群已被联合国教科文组织列为世界文化遗产。

1 卢克索神庙
由法老阿蒙霍特普三世和拉美西斯二世先后建造，通过建有巨大的狮身人面兽大道与卡纳克神庙相连。

2 装饰
法老埃赫那吞、图坦卡蒙和霍勒姆赫布进一步添砖加瓦，装饰了卡纳克神庙和卢克索神庙。

3 方尖碑
卢克索神庙的入口处有两个方尖碑（其中一座于1836年被移至巴黎）和拉美西斯二世的两尊坐像。

4 方孟农巨像
两尊巨大的阿蒙霍特普三世石雕坐像，位于卢克索以西，靠近哈布城。

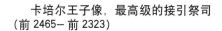

卡培尔王子像，最高级的接引祭司
（前 2465– 前 2323）

抄写员、军事家与祭司

卡培尔王子（Ka–aper）身兼抄写员和祭司两职，他生活于第四王朝至第五王朝期间（旧王国时期），曾作为法老军队的抄写员投入埃及对巴勒斯坦的战争中，他死后被埋葬在萨加拉，陪葬有其本人的雕像，整体由金合欢木构成，双眼则是由水晶和铜镶嵌而成。

清除毛发　从卡培尔王子雕像极为光滑的表面可以看出，出于卫生的考量，当时的埃及人有清除毛发的习惯。

权杖　卡培尔王子手中握着的权杖是其权力的象征。权杖起源于牧羊人的手杖，和其他民族一样，古埃及人依然保留着游牧生活的痕迹。

哈托尔女神

从女神名字的字面意思"你即是光"可知，哈托尔女神与太阳崇拜密不可分。此外，这位女神身负自然更迭、四季变化之力，决定了土地是否肥沃和物产是否丰饶。

❖ 哈托尔的半身像，制作于公元前664—前525年。

信奉阿蒙神的祭司的石棺

冥界闯关

尽管祭司们参透了动植物生命的规律和周期，但对亡灵加持护法才是他们真正的使命。亡灵从阳间步入阴间的这段旅程是最危险的，为了顺利完成这一过渡，最重要的一步就是将尸身制成木乃伊，保持不腐。

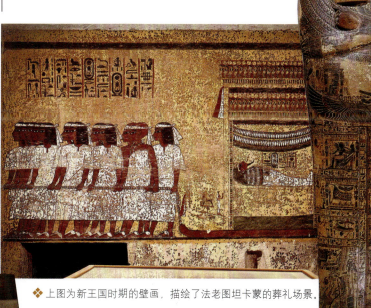

❖ 上图为新王国时期的壁画，描绘了法老图坦卡蒙的葬礼场景。

军事力量

　　尼罗河之国是一个生活富裕且幅员辽阔的帝国，需要非常强大的军队保卫疆土，且军队需能够同时在不同方向的边界作战。在对努比亚部落进行军事远征的同时，还要时刻提防虎视眈眈的迦南王国（位于现今巴勒斯坦），甚至美索不达米亚地区。强大的军事力量也是埃及统一的保证，但当时的埃及实行严格的中央集权制，由此激起了地方势力的不满。毕竟军阀割据势力始终渴望从法老手中获得更大的自治权。这就要求法老不仅要具备超强的政治手腕，还要牢牢掌控军队，因为军事力量的拥护才是他独掌大权的根本保证。◆

图坦卡蒙墓室出土的匕首及其金色刀鞘（约前1347－前1337）。

拉美西斯二世与卡迭石战役（前1274）

"金蝇勋章"

　　埃及人用苍蝇形状的勋章表彰英勇的战士，所以该勋章又被称为"勇敢者之蝇"。在当时，贵族高官们通过佩戴金蝇形象的饰品突出自己的地位，表明其享有独特的经济特权。项链上的"金蝇"越多，声望和能力就越高。在发生严重冲突时或发动大型战役前，法老都要向这些大臣寻求建议。战争中死去的普通士兵的尸体先被埋在沙子中进行干燥，确保他们的灵魂能够进入冥界，然后再被转移到坟墓中。

麦德察
由努比亚弓箭手组成，他们以雇佣军的方式被征入军队，守卫边疆。

法老拉美西斯二世的墓室浮雕，描绘了他奋勇杀敌的场景（前1257）

荷鲁斯，神射手

　　荷鲁斯被认为是创造弓箭的神明。箭头的轴由芦苇制成，金属尖端用树脂和亚麻线固定。在箭头的尾部标记凹痕用于放置绳索。弓箭手组成了一个特殊军团，在向前突进和围城之战中起着决定性的作用。

战车　由马匹拉动的战车组成了机动作战部队。战车载着一名马夫和一名负责投掷长矛、拉弓射箭的士兵。

射箭　在平时也被作为一种宗教活动。在希布·塞德神殿的庆典上，法老面向四个方位射箭，以表明其权倾帝国。

最高领导　军队的最高领导是法老，在其之下有将军和其他中级军官。军官们手持长棍棒，区别于普通士兵。

墓碑　一块墓碑上曾记载着"荷鲁斯神的两只眼睛如弓一般。我就是那个人，像荷鲁斯一样收紧弓弦，并像奥西里斯那样射出去"。战争也是宗教信仰的一部分，与神灵崇拜密不可分。

步兵

也被称作先遣部队，是埃及最典型的军事单位。通常由手持长矛、斧头、狼牙棒和弓箭的士兵组成，士兵穿着一条朴素的裙子，通常提前于大部队出发。但这支军队一般由奴隶和战俘组成，注定下场凄惨。

❖ 埃及步兵的复原雕像。

女性角色

　　尽管古埃及在社会结构和宗教信仰上都严格遵循父权制，但女性的地位亦不可动摇。从坟墓的壁画上可以看出，无论是宗教仪式还是葬礼均有大量的女性形象出现。她们从事各种各样的职业，甚至是法老。女性出没在不同的工作场景中，尤其常见于农业活动。在祭司集团中也不乏女性的身影，多与庆祝生育的祭祀活动相关。◆

伊西斯女神和纳芙蒂蒂王后像（公元前14世纪）

纳芙蒂蒂，最美的女人

　　纳芙蒂蒂，埃及第十八王朝最著名的王后，法老埃赫那吞的妻子。她不仅以倾国倾城的美貌闻名于世，还因在政治和宗教领域的出色表现而为人熟知。在任王后时期，法老和王后两人琴瑟和谐，夫妻情深，尤与女儿情感深厚，时有艺术作品对其进行描述。不过，没有证据表明她取代了法老埃赫那吞成为统治者。

神秘的女王

　　纳芙蒂蒂身上总带有一丝神秘的色彩，也有史料声称，法老埃赫那吞废掉了他的妻子纳芙蒂蒂，用长女取而代之，命名为"宫廷第一夫人"。

❖ 纳芙蒂蒂半身像（公元前14世纪）。

女神伊西斯为荷鲁斯神哺乳的铜像

女神伊西斯

　　通过自身的魔力，女神伊西斯缝合了丈夫奥西里斯分散的身体，设法使他复વ并为之生下了一个儿子——荷鲁斯神。尽管那个时候伊西斯已不再年轻，但她仍然继续养育儿子荷鲁斯，直到他成为帝国之主。对女神伊西斯的崇拜传至希腊，希腊人在希腊时代称之为得墨忒耳，后来她又被罗马人所推崇。据推测，对伊西斯女神的崇拜或起源于美索不达米亚民间。

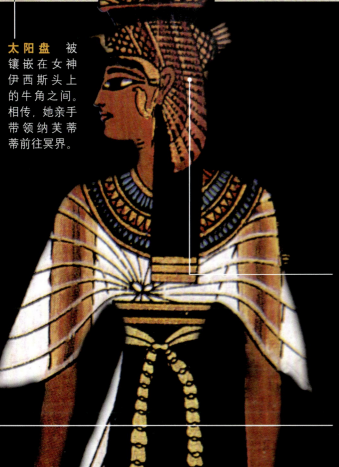

太阳盘 被镶嵌在女神伊西斯头上的牛角之间。相传，她亲手带领纳芙蒂蒂前往冥界。

女性躯干塑像（约前 1567–前 1320）

一夫一妻制和一夫多妻制

古埃及的宗教确立了一夫一妻制，但一夫多妻制是皇室的一项固有特权，尽管正妻被冠以"大王后"头衔。法老可以娶任何女人，不受约束，甚至是自己的女儿或者姐妹，他可以纳很多妃子，但他的大臣绝对禁止享有这种特权。

头饰 纳芙蒂蒂的头饰。皇冠下要戴着假发，出于卫生原因，那个时候无论男女都会剃发，戴假发作为装饰。

女性躯体 通常，在壁画中女性的腰部略高于男性。相反，男性的肩膀和腰部要比女性宽得多。

服饰 女性身着紧身长裙，外披一件透明的亚麻布料，更显得自然飘逸。

身份标志 腰带在女性服装中很常见，而只有王室贵女才有权将花结系在裙子上。

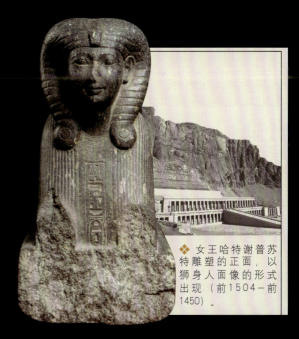

❖ 女王哈特谢普苏特雕塑的正面，以狮身人面像的形式出现（前1504–前1450）。

劳作与奴隶制

　　《圣经》中讲述过被囚禁在埃及的以色列人的故事，他们重获自由的情节是复活节庆祝活动的起源，这使大部分人都认可古埃及存在奴隶这一说法。但是，关于此种劳动身份的文献资料很少。另一方面，根据当时的法规，在自由工人和奴隶之间有一套完整的分级制度，这常使人们很难区分不同类型的劳工。比较大的可能是，战俘和被俘虏的外国人（法老土地上的犹太人）会成为奴隶。◆

女性雕像，其表现形象可能是埃及富人家中的女仆。

奴隶雕像，制作于公元前1450—前1340年

战俘的命运

　　下图为花岗岩浮雕壁画，大概表现的是在古埃及人进行的某场战争获胜后，战俘们被双手捆绑，押解转移的场景。为了进一步羞辱俘虏，还会强迫其下跪。实际上，战争是法老们填补劳动力缺口的常用手段。不得不说，不杀死敌人并非出于人道主义，而是出于对经济利益的考量。

面无表情　凝视是古埃及遗迹中奴隶形象的面孔特征之一。其所表现出的不是作为奴隶的精神状态，而是对人类服从众神的力量、服从众神在人间的代理人——法老权力的反应。

假发　出于卫生原因，埃及人必须剃光头。所有人，包括奴隶都戴假发示人。

12 000　据《圣经》记载，在拉美西斯一世统治期间，约有12 000名奴隶在建造比东和兰塞这两座积货城时死亡。

供奉荷鲁斯神的埃德夫神庙

宏伟工程

　　古埃及建筑和雕像的规模异常宏大，使人不得不联想到当时作为劳动力的奴隶。在许多巨型建筑的周围，都发现了那些在修建过程中丧命之人的坟墓。根据古埃及的宗教观念，建造者可能是奴隶，对这些奴隶而言，葬在这些地方是一种特权，这让他们可以在冥界获得美好的生活。

使臣　拉美西斯二世王廷中的外国使臣，释放被当作奴隶的战俘是商讨中的常见话题。

商品与贡品

从这幅公元前 12 世纪的壁画中，可以观察到运送货物的不同人物。这些图像的灵感虽然来源于日常生活，但仍保留了向神明祭祀奉献的宗教意义。右下方的图片展现了屠夫与其助手正在屠宰一头牛的场景。在宗教背景下，屠宰与动物的牺牲献祭有关。

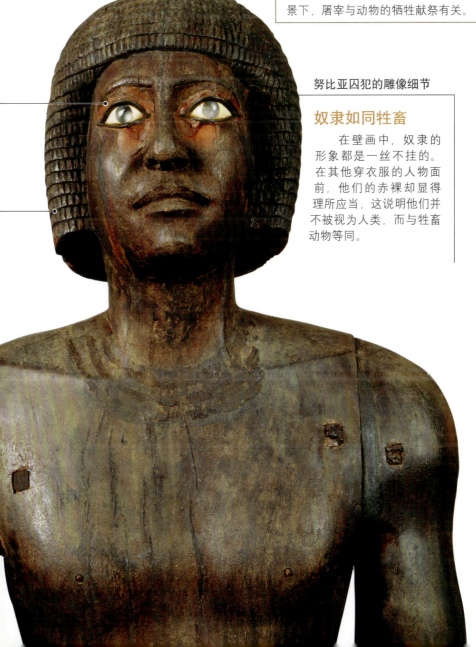

努比亚囚犯的雕像细节

奴隶如同牲畜

在壁画中，奴隶的形象都是一丝不挂的。在其他穿衣服的人物面前，他们的赤裸却显得理所应当，这说明他们并不被视为人类，而与牲畜动物等同。

命名方式

为了给奴隶命名，古埃及语使用了各种术语，其翻译和解读至今仍存在争议。主要用词是 hem 和 bak，它们虽然代指不同情况，但都涉及奴隶的子女是否仍为奴隶身份。在《圣经》中，eved 一词用于表示在埃及的以色列人的状况，该词的词根与"工作"一词联系在一起。

《圣经》中可能将艰苦的工作条件定义为奴隶制，而并非真正意义上的奴隶制。

❖ 这幅花岗岩壁画描绘的是法老孟图霍特普二世杀掉战俘，进行献祭的场景（前2061）。

社会和日常生活

社会和日常生活

沃土中诞生的文明

随着相关人员不断深入的研究与探索，古代埃及文明日益展露出迷人的风采。它那雄伟壮丽的金字塔、庙宇和雕塑无不让考古学家和游客为之倾倒，同时也成为古埃及日常生活最直接的体现。与其他文化相比，这种生活方式具有截然不同的特征。在公元前3000年之前，大型村庄开始向城市转型，城市化进程进一步推进。渐渐地，凭借社会、经济、政治和宗教等方面的新变革，并以诺姆的出现为标志，埃及文明开启了新的时代。诺姆是指以一个城市为中心，聚集周边一些村庄而形成的小国、城邦。新文明的支柱是尼罗河，它将下埃及与上埃及连在一起，前者坐拥肥沃发达的三角洲，后者则远离地中海贸易路线，贫穷落后。因此，维持帝国的统一是法老们的终极任务，也是贯穿整个帝国历史的争端起源。

尼罗河是上埃及和下埃及之间的主要交通航线，起初，人们主要利用纸莎草船通航出行，但没过多久，位于尼罗河两岸的造船厂开始生产木船。从装饰庙宇的壁画可以看到，体积大、吃水深的船舶将巨大的圆柱和花岗岩方尖碑从阿斯旺采石场运送到数百千米外的地方。尽管当时的埃及人并未形成打造舰队的构想，可小型商船除了用来运输谷物，战时也确实承担着运送军队的任务。当时也有专门的公务船供官员和皇室成员使用，这与现在的情况相同，这些船只由政府高官乘坐，只在特别的庆祝活动中下水。

当然，尽管在许多方面存在相似之处，不同的社会阶层仍各自享有不同的生活方式。古埃及人建造房屋时常使用一种泥砖，从尼罗河采集淤泥制成砖坯，再经日光暴晒成型，最后被装在水桶或皮革桶中运到施工现场。在那里，工人们通过添加稻草和小卵石对砖坯进行加固，然后将其倒入木制模具内使之成型。待完全混合后，再将砖块从模具中取出，放在阳光下晾干。房子主体完工后，再在墙壁上涂抹灰泥。

通风且宽敞的住宅

房子内部凉爽宜人，由于窗户很小，阳光无法完全照射进来。这些房屋呈矩形，面积一般在100至125平方米。平房的墙壁厚约40厘米，一层以上的楼房，墙壁厚度超过1米。房屋入口通常由石头建造，即使最贫穷的家庭也是如此。门常采用木质的单扇门或双扇门，可以从内部闩上。人们曾发现公元前1500年左右制成的钥匙，外观简单，只适用于最简单的机械锁。

人们还发现了用于排水的铜管，但仅仅在某些庙宇中使用，直到现在，并未发现普通家庭有使用铜管的痕迹。浴室的座椅通常是用石灰石制成的，而其他的则是穿孔的凳子。废水通过特殊的排水井、河流或街道排出，或者将水倒入一个盆中，用作它用；还有一种办法是在盆的底部掏出一个小洞，使液体缓慢排至地面。在下埃及的干旱和沙漠地区，水资源弥足珍贵，使用上受到严格的管控。因此，对水资源控制权的争夺可能是造成严重冲突和对抗的原因。

❖ **王座** 赫特芬雷斯王后（Heteferes）的木制王座，扶手上雕刻有莲花的装饰。

❖ **壁画**　在约公元前 1400 年的一幅壁画中，皇室成员奈塔奴姆 (Netanum) 乘坐专门用于狩猎飞禽的小船，狩猎飞禽在当时是十分常见的一种活动。

❖ **护身符** 埃及人经常佩戴护身符。如左图，怀孕和分娩期间的妇女佩戴护身符祈求平安。

法老的权力

❖❖❖

在古埃及，所有土地及其居民都属于神灵，而这些神在人间的化身就是法老，因此，实际上一切万物皆归法老。法老不仅要统治帝国的社会和行政架构，还要控制宇宙秩序、自然法则、天体运动、季节变换和尼罗河洪水涨退的节奏。只有法老可以与众神对话，所以，古埃及的所有居民都服从这位人与神的中间人的权威，祈求他的仁慈。从这个意义上说，法老也是最高等级的祭司，正是他本人通过其神力完成了祭祀仪式，正式任命其他祭司。诺姆贵族一直与中央政权对抗，在他们的鼓动下，祭司阶层不断寻求更大的自治权。法老不得不满足这些地方权力部门的一些需求，从而规避风险，也就是祭司阶层为了增强实力，与埃及的敌人结盟。在当时，埃及的敌人数量众多且力量强大，二者一旦结盟，埃及将腹背受敌。

埃及富人阶层的房屋也是用土坯砖制成的，并粉刷成白色。住所多设有一两个仓库，用于存放劳动工具、家用器具和食物。在用作门厅的空间后面，埃及人设置了卧室和私人房间。平坦的屋顶置于横梁之上，可通过楼梯进入这一区域，作为露台使用。窗户覆盖着芦苇，就像百叶窗一样可保护室内免受强烈的阳光照射。房屋的内部区域由一排天窗照明，这些天窗设计合理，可以防止雨水渗入。

舒适的家具

墙壁通常装饰有鲜艳的图画，既富有象征意义，又兼具几何美感。家具陈设简单，但设计完美，不仅具有功能上的舒适性，还兼顾了一定的品位和工艺技巧。在这些房屋中，带扶手的靠背椅和木凳随处可见。一些出土壁画表明了带垫子沙发的存在，其内部应该填充了鸭绒。床用柳条或木头制成，也许，在那些炎热的夜晚，一些幸运的埃及人并没有使用普通枕头，而是把头靠在专门为避暑设计的木质床头板上。箱子和抽屉的使用也十分广泛，多用来存放个人物品和器皿，桌子通常镶嵌着装饰。埃及每个家庭都自制面包，自酿啤酒，因此，厨房和食物储藏室中放有大量厨具器皿。在房屋一侧或后面，一般设有一座花园和一片池塘，以及用于储存雨水

❖ **陶瓷**　古埃及鸟形陶瓷花瓶，制作于公元前 4000 年至公元前 3200 年。

的水箱。从许多壁画上可以看出，古埃及人在他们的房子里举办聚会，邀请男女老幼共同参加。

在公元前1400年左右的埃及墓碑铭文中写道："愿我每天在水边漫步，愿我的灵魂在所种树木的枝丫上安息，愿我在梧桐树荫下精神焕发。"确实，在古埃及，无论私家花园，还是公共场所，多种有植物和树木。从很多坟墓中挖掘出大量的花园微缩模型，里面带有游满鱼儿的长方形池塘和累累硕果、整齐划一的葡萄藤。乔木和灌木的浓郁树荫令人艳羡，在炎热的日子里尤为珍贵，而树木结出的果实则更让人垂涎，树木的种类有枣椰树、石榴树和核桃树，以及小型的柳树、金合欢以及其他观赏物种。在某些壁画中，我们可以看到各种花朵，如雏菊，曼陀罗，玫瑰花丛，鸢尾花，桃金娘，茉莉花，水仙花，常春藤，指甲花和月桂树。

熙熙攘攘的大城市

尽管古埃及人的生活方式有着其个性的烙印，但同时，它也受到其他文化和风情习俗的影响，尤其是那些与帝国商业往来密切的国家和地区，比如巴比伦、亚述、腓尼基、赫梯、以色列。此外，以小亚细亚和伯罗奔尼撒为中心的亚细亚和爱琴海王国也

军事机构

❖❖❖

从公元前 3000 年起，埃及的军事机构成为奠定帝国统一的基础力量。此后，埃及军队对本土以外的地区采取了军事行动，尤其是巴勒斯坦、叙利亚和努比亚三地。埃及军队组织良好，等级森严，最高指挥官是法老本人。每 50 名士兵组成一个基本军事单位，并配备一名文职人员，同时还有步兵军团和战车军团。埃及战车的主体结构由木头制成，由两名士兵操纵，由一到两匹马牵引。交战时，战车是移动的攻击平台。

与埃及交流频繁。据信，法老在公元前1450年左右接待了来自克里特岛和迈锡尼的使者，并接收了他们带来的厚礼。当迈锡尼的希腊人定居在塞浦路斯和小亚细亚西部海岸时，也如是而为之。希腊的各种史料都提到希腊人在访问埃及时震撼颇多。他们用言语勾勒出埃及的数个大都市，那里有熙来攘往的热闹街道和美轮美奂的庙宇，人们常在这里举办盛大的节日活动和隆重的庆典仪式。

❖ **船舶**　从墓葬中出土的船舶模型，象征着亡灵在阴间穿行。

埃及是古代世界最富有、最强大的国家之一。从东部沙漠和努比亚矿山开采的部分黄金被运送至遥远的地方，比如美索不达米亚，黄金通过易货贸易的方式被交换为手工制品。

◆ **啤酒** 制作于公元前 2465—前 2323 年的小雕像，展示了当时的埃及人在私人住所中酿造啤酒的场景。

虽然法老一度统治着尼罗河以南的地区，但是若想获得非洲赤道附近的产品，则需要与努比亚王子进行商业交易才能实现。彼时，努比亚位于尼罗河第一瀑布以南。

衣服、化妆品和游戏

哈托尔女神象征着杰出与美丽，在大量的赞美诗和情诗中都可以看到古埃及人尊其为优雅的化身。目前人们在古埃及遗迹中已发现大量用于"追求美"的物品，例如梳子、镜子和小巧精致的化妆盒。在古埃及，无论男女都使用各种油脂涂抹面部和描画眼睛。用于化妆的油膏由矿物在细石板上研磨成细粉制成，将其与水或稀释的油混合后，一起保存在管状器皿中，化妆时用细长的骨头挖取和涂抹。埃及人从孔雀石（一种铜矿物）中获得了象征着生育力的绿色颜料，从铅矿（方铅矿）中提取了黑色颜料，用于勾勒眼部的轮廓。在脸颊和嘴唇上，他们用埃及盛产的红赭石和氧化铁的粉末进行妆点。

从发掘出的画作中可以看出，埃及宫廷妇女们佩戴花卉图案的发饰，假发上涂抹着带有芬芳气味的动物油脂。而当时的朝臣们也常常对着打磨光滑的青铜镜或铜镜欣赏自己的装扮，甚至在丧葬主题作品中也能看到这样的场景。由于气候原因，在整个古埃及历史中，衣着始终保持着相似的风格：衣物均由亚麻制成，因为这种材质极其轻便又凉爽宜人。埃及的平民穿着及膝的半身裙，奴隶们则仅仅搭配一块缠腰布，甚至赤身裸体。在中王国时期，男性用较长的裙子覆盖另一较短的裙子的穿衣风格较为常见，并在胯部添加了褶皱的设计。上身穿着宽大的无袖长衫（尽管也有带袖长衫），衣服上方开口，可套头穿着。女性则穿着从胸部长及脚踝的贴身长裙。在新王国时期，女性们依然穿着这种贴身长裙，但是却将之作为内衣，在其外搭配一件有褶皱的外穿罩衫。

古埃及无论男女均有剃光头的习惯，因此假发亦是男女服饰的重要组成部分。假发是用天然的头发和植物纤维制成的。可能出于卫生方面的考虑（避免虱虫的滋生），古埃及人使用剃刀和镊子刮除了全身的毛发。透过大量的庙宇和墓室壁画，我们可以一窥古埃及人丰富多彩的娱乐生活。诺姆贵族和朝臣们一般都痴迷于狩猎，并且在大批仆人和奴隶的随行下前往沼泽或荒漠地区开展狩猎活动。他们还钟情于在岸边或船上垂钓。

阿马尔纳书信

毫无疑问，偶然的发现经常会给历史学家和考古学家带来意想不到的收获。1887年，就像埃及人自古以来秉持的传统那样，一位妇女在尼罗河河岸挖掘泥土，以便制造土坯砖，结果发现了约300个带有奇特图形和图画的石板。

然而，她对刚刚发现的宝藏浑然不觉，只为了几枚硬币就将它们卖给了一位古董收藏家，而后者又将其转卖给英国的埃及学家皮特里（Petrie）和彭德尔伯里（Pendlebury）。如今，这些石板以"阿马尔纳书信"之名为世人熟知，并成为古埃及最有价值的发现之一。这些石板以阿卡德楔形文字（公元前14世纪的通用语言之一）书写，其中包含着法老阿蒙霍特普三世、埃赫那吞和图坦卡蒙的外交档案。除了写给哈蒂和米坦尼君主的信，还包括由大臣撰写的有关叙利亚与迦南领土之争的报告。

这些独一无二的信件详细说明了当时日常生活的方方面面，内容不仅涉及埃及人，还有近东其他民族，尤其是下面这封关于债务和婚约的信最为引人注目。

巴比伦国王卡达什曼·恩利尔一世给阿蒙霍特普三世的信

"我写信向您的女儿求婚，我的兄弟，您怎么可能用那种理由给我回信，您说不会同意这桩婚事，因为从来没有埃及国王把女儿嫁出去联姻的先例，您为什么这样说呢？您是国王，您可以随心所欲。如果您想把女儿嫁给我，谁敢反对？但是您仍坚持自己所谓的原则，不允诺我有任何婚姻。当您写信提议与我联姻时，您不就是要寻找友爱和善的关系来让我们更加亲密吗？我的兄弟，为什么没有送我一个妻子？……您可能不会送给我一个妻子，但是我怎么可能会像您那样做呢？我会送您一个妻子，并让她去到您的身边。我有女儿，在这种情况下，我不会拒绝您。至于我给您信里提到的金子，请在今年夏天尽快寄给我……在您的信使到达我国之前，我会多多祈祷。这样，我就能够偿还所欠的债务了。如果您今年夏天能将我信中所求的金子寄给我……我将把我的女儿嫁给您。因此，请您尽最大的可能，大发善心把黄金送来吧……为什么您还不愿意寄给我任何东西？偿还债务后，我还需要更多的黄金吗？即使您给我3000塔伦托的黄金，我也不会接受。我会把它们还回去，而不是将我的女儿嫁给您。"

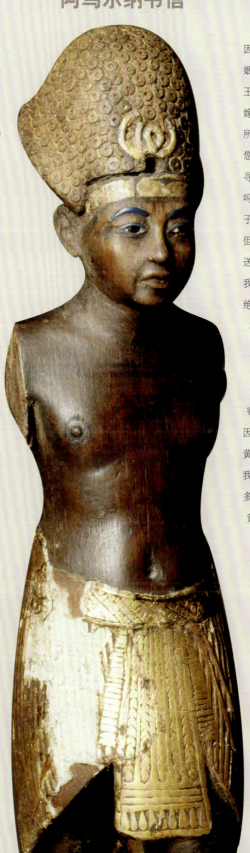

❖ **阿蒙霍特普三世**　左图为新王国时期法老阿蒙霍特普三世的雕像复原像。在位期间他与迦南国王和哈蒂的统治者保持着密切的往来。如今，这些往来交流的物件构成了研究古埃及生活的非常宝贵的资料来源。

住宅

古埃及对聚居区的规划并没有什么蓝图，仅仅根据当地的土地条件、气候和生产需求展开。尽管存在着洪水泛滥的风险，聚居区却尽可能地靠近尼罗河。平民的房屋的布局划分强调功能性。富人的房屋则与众不同，富丽堂皇的建筑通常建在农村，并配有树木、葡萄园和游泳池。这些建筑中通常居住着贵族、祭司和富商，并与一些宗教中心相关。◆

古埃及式住宅的结构

简洁统一

古埃及房屋常常外观雷同。当城市人口增加时，房屋由单层结构变成了两层或三层。通常，当孩子成家之后，父母的房子会被重新规划，增加新的房间。建筑之间留有狭窄的小巷，形成了迷宫般的城市道路。

地下室 古埃及人大多在地下空间中修建凉爽的地下室，用于存放食物和杂货。

家禽 古埃及人在院子里饲养家禽，由仆人照料。家禽的肉、蛋和羽毛不仅供家庭成员食用和使用，也会被拿到市场中售卖。

贮藏室 古埃及人习惯在房屋的空地上建造土坯筒仓，他们将谷物储存其中，防止受潮。

卧房 宽敞通风，配有木材制成的单人床，结构简单。床下有一个不固定的底座，可以紧贴地面或在炎热的天气里将其升高。富裕的埃及人使用羽毛枕头。

棚屋 在屋顶，古埃及人建造了仅由木柱和横梁支撑的简易茅草棚屋，用于放置一些可露天存放的食物。

桌子 一些房间内多放置宽大的木桌，用来准备食物或制作一些家庭用的手工艺品，部分产品可以在城内市场上出售。

地板 富人的房屋地面上覆盖着来自西奈或黎巴嫩山区的石板。大多数家庭的地板是由沙子和夯实的土坯混合压实而成的，古埃及人会定期给这样的地面少量浇水，保持其形态的稳定。

垫子 在古埃及的住宅中，垫子的使用非常普遍。通常，它们是用尼罗河两岸的细茎针草制成的，这种草本植株高约70厘米，叶长约60厘米。将植株的叶片纵横编织制成的垫子质地柔韧，经久耐用。

家庭

家庭是社会的基本单位。在古埃及，家庭不仅包括父母和孩子，还包括寡居或单身的姐妹。一般来说，在 14 岁至 40 岁，一位女性可以生育大约 8 个孩子，其中大约 4 个能够活下来。尽管当时的社会遵循重男轻女的传统，继承权归长子所有，但妇女也享有许多权利。谈到尼罗河之国时，希罗多德写道："这里的妇女可以光明正大地从事贩卖、采购和谈判工作，男子则从事纺纱、缝制和编织工作。◆

在儿童坟墓中发现的木制玩具。在古埃及，除非天气寒冷，否则幼儿一般会赤身裸体。

一个引人注目的家庭

如下图，著名的矮人塞内卜（Seneb）和他的妻子正坐在棱柱形的长椅上，这也印证了他们在家庭中的地位。这是一个极具创意的作品，通常孩子坐在父母的两侧，而雕刻家却将两个孩子安排在了塞内卜的身下，以填充画面中父亲双腿部位的空间。塞内卜的身体明显畸形，四肢短小，但这些并没有阻碍他的成功人生。他与一位贵族女子结婚，积累了巨大的财富。这是埃及残疾人获得良好待遇的一个例证。

清洁和舒适 古埃及人希望在自己的住所中过得舒适一些。如上图所示，在迪尔·麦地那考古群中发现了长凳、刷子和圆形地毯等物品。

葬礼壁画上一个家庭场景的细节，制作于公元前7世纪

分娩

分娩一般由助产士负责，特殊情况下再交给医生。分娩过程是这样的：产妇将长发扎起来置于身后，在橄榄油中沐浴以促进身心放松；准备一个专门用于生产的产房；分娩时，产妇需蹲下，助产士一边工作一边念着神奇的咒语，保护新生儿顺利诞生。

贝斯（矮人之神）的小雕像，制作于公元前7世纪

护身符与驱魔

在古埃及的房屋中经常摆放小雕像以驱除恶魔和困扰家庭的其他邪恶力量。一些护身符专门用来保护怀孕期间和分娩时的女性。孩子们过去常常使用木制仿真武器玩战争游戏。他们还玩陀螺、兵马俑车、木圈、木桶、木制或黏土制作的玩偶，以及用植物纤维和皮革制成的球。

◆矮人塞内卜及其妻子和孩子们的独特小雕像，制作于公元前2475年。

单身女性　拥有完全的法律自主权管理自己的资产，她们在 12 岁或 14 岁就可以结婚了。

验证　为了验证妇女是否怀孕，埃及人会将几滴尿液倒入装有小麦或者大麦的容器中。如果几天后它们发芽了，就表明怀孕了。

出生　孩子的出生被认为是神圣的祝福，因此，法律上禁止堕胎。

女孩　和男孩一样受到宠爱，在埃及并未有像希腊和罗马那样杀害女婴的惯例。

商品交易

　　在一个大多数人口以农业为生的社会里，市场容量是有限的。相应地，人们的需求也很少：最多不过是用来烘烤面包和发酵啤酒的谷物，以及干鱼和蔬菜，还有一些用于制造织物的亚麻和建造房屋的泥砖。有时会产生剩余产品，可用其交换小巧的手工奢侈品。当时的贸易主要基于易货贸易，这是一种有效的方式，因为人们的基本需求非常一致。甚至在引入铸造的硬币之后，在公元前1千纪后期，以货易货仍是农村人最广泛采取的形式。通常，谷物和橄榄油亦被视为货币。◆

测量　确定交易物的尺寸并不是一件容易的事，因为水罐、细颈瓶和容器没有标准化的尺寸或重量。这一困难是刺激人们采用贵金属作为交换单位的因素之一。

古埃及一座城市市场的复原图

支付方式

　　使用可储存的食品进行交换利弊兼而有之。如果一个人挣的钱大多要花在食物上，且几乎没有选择食物种类的余地，那么，吃自己生产的东西要比领取薪水再购买食物容易得多。在饥荒频频发生的时期若有一些"积蓄"，例如多余的谷物，那么也不至饿死。但是储存谷物意味着要有相应的存储设施，通常情况下，古埃及人是无法做到这一点的。

运输　很少有人拥有马车和牲畜可以将产品带到市场上。因此，较富有的人垄断了个人易货贸易，因为他们拥有属于自己的交通工具。

天平　有助于确定商品的重量，但无法确定商品的价值。这就要求有独立的交换价值用于衡量产品价值，而金和银正好可以承担这一职能。

肉　由于很难在炎热的气候中保存，肉类的贸易非常有限。此外，用于延长肉类保存时间的盐也十分昂贵。

价值　最常见物品（一般为生活必需品）的价值通常为人熟知，但由于产品的多样化，人们难以记住所有产品的价值，导致了抽象价值体系的建立被大商人所控制。

礼物　和古代农业社会的传统一样，商品交换不仅是一种经济活动，还常常具有特殊的社会意义，特别是在诸如金饰加工业的奢侈品中。人们通过交换礼物再次确认了其社会地位，并确保了关系纽带的维系。

码头　码头的开放空间是建立市场的首选之地，因为所有埃及人都居住在尼罗河附近，这个地理位置有助于他们将物品卖给船上的水手。

产品　小规模的贸易掌握在农民夫妇手中。他们出售谷物、水果、蔬菜、家禽和牲畜，还出售诸如油、啤酒、葡萄酒、面包和亚麻纤维之类的加工类产品。

国外市场

　　埃及与其他王国保持着商业联系，但货物的进口大于出口。对外贸易由皇室、贵族和祭司阶层掌控。尼罗河之国的海军发展不佳，最终导致外国人定居埃及并控制其商业运输。他们的优势在于拥有更大运输能力的船舶，每次运输量可达100吨。

❖ 刻有埃及船只的浮雕。

医药

　　古埃及医学是当时世界上最先进的医学之一。通过纸莎草文稿和一些葬礼壁画的记载，我们可以对当时医学的发展有所了解。当时的医生由国家资助，职业等同于公务员，不收病人的护理费。医生在当时被称为"Sum-Un"，意为"受苦者的守护人"，所谓"受苦者"也包括动物。医生们在不同的学校学习，接受培训，这些学校被称为"生命之屋"，其中，位于塞易斯和赫里奥波里斯（今埃及开罗）的学校最为人们所熟知。◆

荷鲁斯之眼形象的饰物，据说能保护战争中的伤员。此饰物为胸饰，出土于图坦卡蒙陵墓。

与伊姆霍特普有关的动物形态护身符，制作于公元前 2 世纪

伊姆霍特普，医药之神

　　他是掌管医药学的神，其名字与公元前 2700 年左右的一位医生有关。为了表达对他的敬意，医生们每天都要多次洗浴，注意个人卫生。他们在"生命之屋"的研究必须交给各个寺庙管理，而相关知识只能密传。

抄写员形象的阿蒙霍特普雕像，制作于公元前 1390—前 1352 年

疾病

　　古埃及对骨折和脱臼等骨损伤的治疗已发展到较高水平。古埃及人熟知各种治疗脚部受伤的牵引技术，以及使用夹板和绷带固定的方法，这些技术在手臂和腿部骨折治疗中非常有效。他们对静脉和动脉的了解，以及缝合伤口和用于止血的各种技术同样令世人惊叹。结核病是埃及人已有一定研究的传染病之一。此外，当时关于各种寄生虫病的参考文献也很多，例如胆道疾病或肠道血吸虫病。

医学记录

　　最著名的医学莎草纸卷轴有两份。第一份由德国人乔治·埃伯斯（George Ebers, 1837-1898）研究于 1875 年，可追溯到公元前 1550 年。在这份医学记录中，系统介绍了内科病症与治疗指引。第二份是由美国人埃德温·史密斯（Edwin Smith, 1822-1906）在 1878 年收购的，这份莎草纸卷轴讨论了心脏病以及某些植物的促进愈合特性。

◆ 伊姆霍特普小雕像，通常以抄写员形象示人。

疾病类型

　　过去，古埃及医生常将疾病产生的原因分为三类：第一类是恶灵的行为；第二类是因战争和事故等造成的明显创伤或伤害；第三类则是未知原因，通常归因于众神的意志。相应地，医生也被分为巫师、通过药方行医治病的医生和被称为神父的外科医生。

❖ 医生赫塞尔的形象，制作于公元前2649年—前2575年。

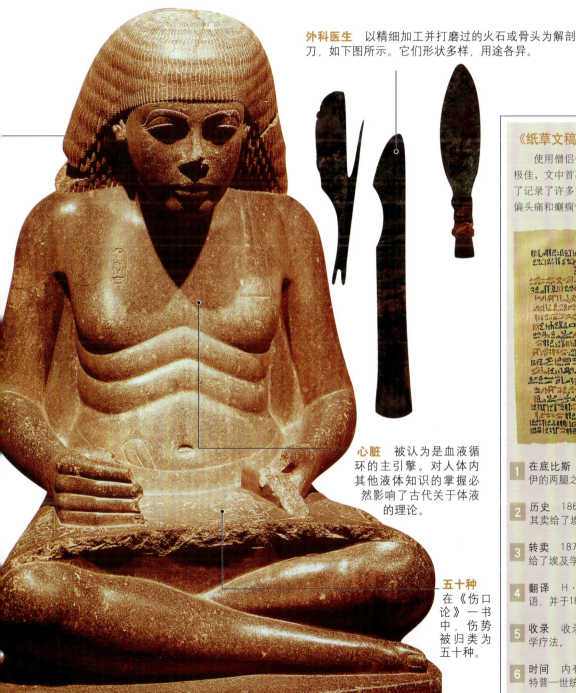

外科医生　以精细加工并打磨过的火石或骨头为解剖刀，如下图所示。它们形状多样，用途各异。

心脏　被认为是血液循环的主引擎。对人体内其他液体知识的掌握必然影响了古代关于体液的理论。

五十种　在《伤口论》一书中，伤势被归类为五十种。

《纸草文稿》

　　使用僧侣体文字书写，保存状况极佳，文中首次描述了心肌梗死。除了记录了许多咒语，文稿中还讨论了偏头痛和癫痫性惊厥。

1 **在底比斯**　发现于阿萨西夫木乃伊的两腿之间。

2 **历史**　1862年，一位埃及商人将其卖给了埃德温·史密斯。

3 **转卖**　1872年，史密斯将其转卖给了埃及学家乔治·埃伯斯。

4 **翻译**　H·约阿希姆将其译成德语，并于1890年出版。

5 **收录**　收录了埃及早期朝代的医学疗法。

6 **时间**　内有一段经文写于阿蒙霍特普一世统治的第8年。

文化遗产

　　啤酒、纸莎草纸、墨水、日冕、方尖碑和各种航海工具是古埃及遗留给人类文明的众多宝贵遗产的代表。每一件都在向后人讲述着埃及文化，这种文化知道如何塑造稳固的社会结构、复杂的法律和宗教秩序并存续数千年之久。其他民族曾多次试图摧毁这个辛苦建立和维持的帝国，但他们所有人都难以摆脱埃及遗留的如同纪念碑一样巨大的文化烙印。◆

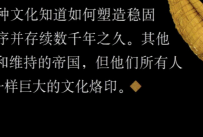

航船模型　再现了用芦苇和纸莎草制成的埃及船只。

图书馆

　　纸莎草纸卷被保存在一种木制或黏土烧制的容器中。出于宗教习俗，古埃及人将大多数纸莎草纸卷保存在极为干燥的坟墓中，由此保存了大部分纸莎草纸卷。所谓的"亡灵书"就是纸莎草纸卷，由隶属于寺庙的抄写员按纸张的纤维方向水平书写，通常仅在一面誊写。众所周知，亚历山大图书馆在世界上众多图书馆中最负盛名，由托勒密一世（Ptolomeo I Sóter）于公元前3世纪建立，是古代最大的纸莎草纸卷存放地。

◆**亚历山大图书馆**　上图再现了古埃及亚历山大时代文化中心的活动场景。

十二宫　古埃及历法的十二宫起源于美索不达米亚，并传承了被视为占星术之父的迦勒底人创建的星相符号。

日历

　　历史上第一个太阳历诞生于公元前3千纪。天狼星与太阳同时升起（偕日升）标志着夏至的到来，这一天代表着新年伊始。但古埃及人发现，天狼星每四年推迟一天升起。这额外的四分之一天被列入"卡诺普斯改革"，并规定，日历每四年推迟一天。

日历　埃及日历将一年的周期与尼罗河的潮涨潮落联系在一起，而尼罗河之国的经济生活也与之息息相关。

法老拉美西斯二世在位期间竖立的方尖碑

独特的纪念碑

卢克索神庙入口处的方尖碑已被运至巴黎，现耸立在协和广场上。殖民者这种攫取猎物的行为使巨大的方尖碑名扬四海，它或歌颂了帝王将相、战争和历史事件，或突出了大城市的中心地位。

商业运输　在拉美西斯二世时期，埃及与巴勒斯坦的迦南人民和小亚细亚王国实现了密切的交往。从这个时期的许多壁画中都可以看到在大罐子里保存着重要的生活必需品——橄榄油。

纸莎草纸残片，创作于公元前6世纪

纸莎草纸

埃及文字的传承离不开纸莎草的支持。纸莎草是一种生长在尼罗河中的莎草科植物，埃及人将它的茎切开，放入水中，然后除去绿色的表皮，切成大约宽25毫米的条。这些宽条被铺展在平地上并用尼罗河水润湿，接着再将另一层横向覆盖其上，在压力作用下使其黏合，然后在阳光下干燥。通过此种方式就可以获得适合书写的密实的纸张。

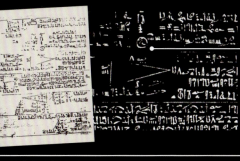

纸张　左图是记录在纸莎草纸上的带有计算方法和图表的造船图。由于古埃及的船只主要由芦苇和纸莎草制成，无法胜任跨越地中海的长距离航行，因此仅限在尼罗河上航行。海军发展的迟滞阻碍了古埃及发展海上贸易的进程。

啤酒

古埃及人的啤酒通常在家中手工酿造，最重要的是满足家庭需要，但人们对啤酒的喜爱已风靡整个社会。在一些葬礼碑上发现了谴责过度饮用这种饮料的图文，酗酒被视作一种可能冒犯众神的罪过。

❖ 右图壁画的内容展现了叙利亚雇佣兵在奴隶的服侍下饮用啤酒，创作于公元前1350年。

休闲娱乐

埃及的建筑和纪念碑雄伟壮观，这不免让人们将古埃及人与繁重的工作和坚持不懈的奋斗联系在一起，但事实并非完全如此。尽管尼罗河之国的人民辛勤劳作，但是他们同时也会充分利用空闲时间休闲娱乐。孩子们有不同类型的玩具，大人们也有许多游戏和娱乐。由此看来，那时的社会生活状态与当今并没有太大不同。◆

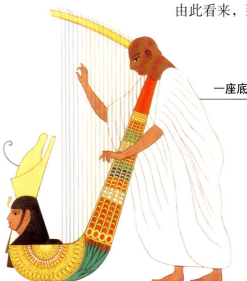

一座底比斯墓穴壁画的细节

音乐

　　最常见的弦乐器是带有低音箱的竖琴，弹奏时配三弦吉他，琴颈的长度是琴身的两倍。叉铃是一种带有 U 形木框和手柄的打击乐器，在当时也很受欢迎，常被作为阅兵中表现节奏的乐器。

塞尼特棋

　　无论在贵族之间，还是大众阶层，塞尼特棋都是古埃及最流行的棋盘游戏。它的棋盘布局分为 30 个正方形，一排 10 个，共 3 排，上面放着 12 枚棋子：5 个为圆柱形，7 个为圆锥形。根据一根木棍掷出的点数在棋盘上移动棋子。木棍的一端呈圆形，另一端呈扁平状。先将棋子移动到终点的就是赢家。

宴会 在皇室中十分常见，从右侧的壁画可以看出，音乐家和舞者都参加了宴会。

摔跤练习

典礼舞蹈 由法老创立，表现了奥西里斯神的死亡与复活。经过不断发展，舞姿越来越复杂，以至于后来只能由专业的舞者完成表演。

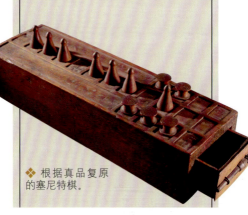

❖ 根据真品复原的塞尼特棋。

　　摔跤在古埃及十分流行。许多壁画（如上图所示）表明，摔跤是最受欢迎的表演之一。某些丧葬碑上也提到了这一活动，它与部分宗教节日有关，但受到严格的管制。

乐器的演变

　　在反映葬礼仪式的壁画中，可以看到古埃及音乐的演变。最初，尼罗河之国的居民只有打击乐器，因此他们的音乐节奏分明，常被用来祈求众神对庄稼的眷顾或驱赶害虫。公元前4000年左右，竖笛和竖琴出现，并很快成为一种民族乐器。音乐最初具有宗教色彩，后来成为日常生活的一部分，尤其对贵族而言。

❖ 绘有舞蹈家和音乐家的葬礼壁画（前1425）。

神话与信仰

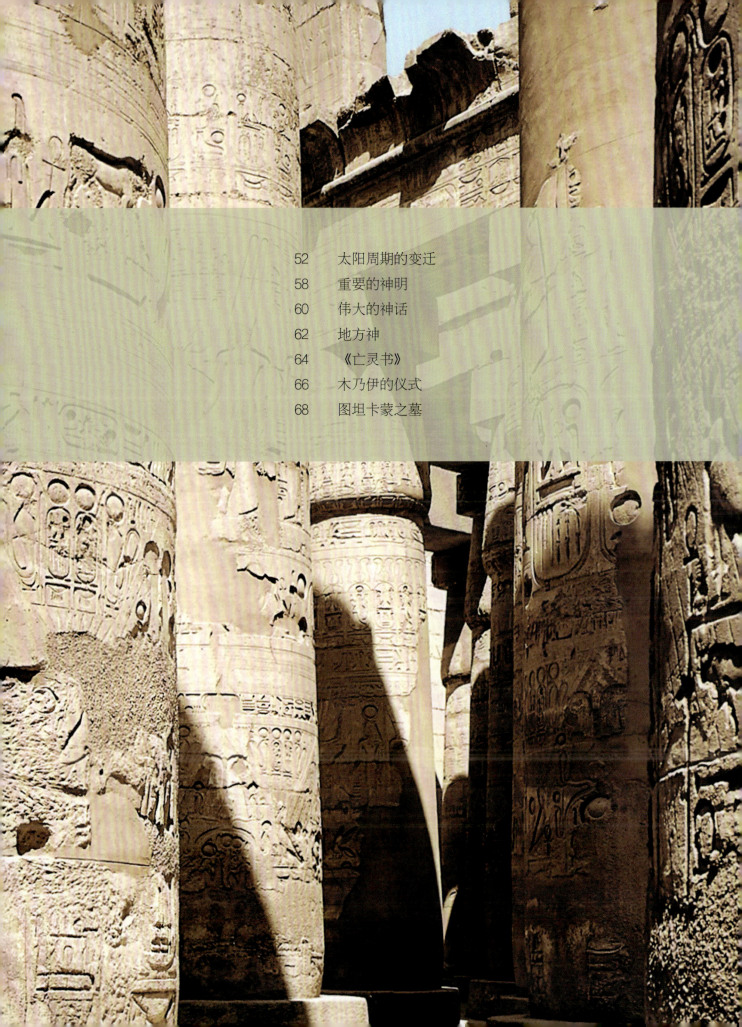

神话与信仰

太阳周期的变迁

古埃及文明融合了多种信仰，且都历史悠久，因此埃及的宗教世界极为复杂。埃及的宗教特点为多神，和其他所有信仰一样，试图回答所有关于生命的问题，尤其是关于死亡的问题。但与其他文明（如希腊文明）不同的是，在埃及宗教中，有关神灵的神话故事不会动态演变，因为埃及为神权主义社会，倾向于将神灵展现为绝对不变的角色，居住在万神殿的诸神现在和未来都将保持原状；若神话等历史故事有所发展，往往意味着神灵也会有所变更。

另一方面，的确存在讲述重要真实事件的神话，例如与创造世界相关的神话。在这种特殊情况下，古埃及人将太阳神"拉"置于最高地位，"拉"也被称为"拉·哈拉胡提"（Ra-Harakhty）或"阿图姆"（Atum）。流传最为广泛的神话将其尊崇为在一片混沌中开天辟地的宇宙创造者。他出现在水中凸起的土堆上，用身上的泥浆创造了另一对神：舒（Shu）和特夫内特（Tefenet），二者又生下地神盖布（Geb）和天空女神努特（Nut）。最终，盖布和努特的后代奥西里斯、伊西斯、塞特和奈芙蒂斯（Neftis）创造了构成世界的其余生物和元素。其他神话故事大多是由罗马历史学家普鲁塔克（Plutarco）收集的，讲述了一些非常具有戏剧性的情节，譬如塞特谋杀了奥西里斯，伊西斯与奥西里斯的遗体交合怀上荷鲁斯，塞特最终败于荷鲁斯之手。

围绕太阳周期衍生了许多神话故事，这些故事实际上是一系列特定主题的不同变体。例如太阳升起，乘

✦ **木乃伊面具** 用于使遗体最大程度保持完整，确保死者的灵魂成功避开在通往冥界的路途上遇到的艰难险阻。

船穿越天穹，它的降落正如生命的衰老，日落于是成为死亡的象征。有些神话之间互相矛盾，比如，在造物神话中，努特是太阳的孙女；而在关于太阳周期的神话中，努特又成了太阳的母亲，黎明时分太阳从她的嘴中升起，傍晚时分则重新回到原处。在某些神话的变体里，努特被女神哈托尔取代，因此，太阳周期具有重生的特性。其他一些神话将人类的终结视作不可逃脱的命运。在人类毁灭后，拉和伊西斯将产下新的生命，开启地球上新的生命周期。

各类神灵与现实生活的方方面面都有着相应的联系。例如，拉对应太阳，哈托尔对应女人，普塔（Ptah）对应职业。与此同时，每个神都拥有超出其特定功能的其他属性：拉可能会带来干旱的诅咒，哈托尔与美妆有关，普塔与街头小贩密切相关。太阳神乘船穿越天穹时，船员还包括一群小神灵，他们常常根据自己的特征化为人形。在航行到某个阶段时，太阳的力量将减弱，船由一群胡狼拖拽前行。当太阳从地平线上重新升起，所有生物欢呼雀跃。在法老主持的仪式上，数量庞大的各类神灵都向太阳神致意。由于人类无法参加此类庆祝活动，同时具备神性与人性的法老就充当了凡人与神之间的中介，这进一步巩固了他在帝国中至高无上的地位。

❖　**巨大岩柱**　祭拜阿蒙神的神庙中的巨大圆柱，坐落于卡纳克巨像群，其兴建可追溯到中王国时期。

区域差异

埃及不同区域的神灵的组合方式也不同。一般来说，都是由两位主神和一位小神组成三柱神。在底比斯居统治地位的三柱神包括阿蒙·拉、姆特（Mut）和孔斯（Khnos），他们是卡纳克神庙三大圣殿的神灵。这三位神灵构成一个基本的家庭框架——父亲、母亲和儿子，且对应数字"3"蕴含的神奇含义。

在赫里奥波里斯，太阳神独立存在，其祭祀仪式已被拉和阿图姆的祭礼所取代。人们普遍认为，他有两位妻子：路萨斯（Iusas）和哈托尔－内贝特佩特（Hathor－Nebethepet），她们

❖ **姬苏神** 在图坦卡蒙的陵墓中发现的猎鹰实心金像。

棺材和石棺

◆◆◆

古埃及专家的研究材料大多来自陵墓挖掘，这缘于古埃及人认为，有关冥界的祭祀和仪式与生命的意义相当，甚至有过之。墓地中挖掘出土的文物为数最多，也正是通过这些物品重构了古埃及的历史。这也是为什么在许多人眼中，埃及学常常交织着悲观和幻象。丧葬礼仪上通常使用木棺和石棺，有时二者通用。木棺即木制棺材，上有盖子，里面存放木乃伊的躯体。根据死者的社会地位高低，决定是否将木棺放入由石灰石、花岗岩、玄武岩或大理石制成的石棺内。

根据造物神话中的性元素进行了人格化。孟菲斯的四个主要神灵普塔、塞赫梅特、涅斐尔图姆（Nefertem）和索卡尔（Sokar）之间存在着不同关联：前三位组成了三柱神，而墓地之神索卡尔与奥塔（Otah）的神像相似。哈

托尔和奈特（Neith）的祭祀仪式在孟菲斯非常重要，与上述其他神灵有所不同。

在几乎所有官方和地域的诸神中，神的组合形式通常对应特定的合一论。一个神灵会有多种命名，有些名字是为了取代此前该地区人民想象中的神。因此，在某些地区，"阿蒙·拉"是"拉"形式的阿蒙，而在其他地方名字甚至可以扩展为"阿蒙－拉－阿图姆"（Amón－Re－Atum）。总的来说，在整个古埃及，由于人们广泛对太阳进行供奉，对拉的崇拜始终占据主导地位。同时也存在另一种情况，如奥西里斯神在阿拜多斯被视作亨塔曼提乌（Khentamentiu），也就是官方神与下埃及古老祭祀的地域神的联结。

上述提到的神灵被视为主神，与一些仅在特定地区进行有限供奉的神灵共存。塔沃瑞特（Taweret）和贝斯即如此，他们仅在家庭范围内受到供奉，与传宗接代和分娩相关。根据

❖ **陪葬宝箱** 公元前 14 世纪使用的物品，用于保存死者的衣服和珠宝，与死者一同埋葬。

传说，塔沃瑞特是鳄鱼和河马的结合体，具有女性的胸部和巨大的腹部；贝斯则是一个大脑袋的侏儒，通常戴着面具。

一些关于巫术和丧葬的文字记录提到了数量众多的恶魔和奇异生物，它们外形怪诞，昼伏夜出。最令人畏惧的生物之一是巨蛇阿波皮斯（Apopis），太阳神的宿敌，通常在傍晚光线昏暗时伏击太阳神。它的恶行屡屡失败，因为塞特对它十分警惕，用标枪阻挡它靠近太阳船，由此，古埃及人认为，天色变红是因为阿波皮斯被刺伤，其鲜血染红了天空。

死者的仪式

与其他宗教一样，死亡亦是古埃及人的中心主题。地下世界是死者居住的地方。在这个话题上，可能因地域不同或在被并入埃及帝国前当地就已存在的信仰而有所不同。法老及其家人在冥界可以高枕无忧，但下层人士若想生活得到保障，必须通过巫术和

卡诺匹斯罐

葬在墓室棺材附近的丧葬用具被称为"卡诺匹斯罐"。早期的埃及学者误将其与特洛伊战争期间墨涅拉俄斯（Menelao）手下的大副卡诺波斯（Kanopos）联系在一起，后者曾被埋葬在埃及城镇佩格瓦提中，该城镇如今名为阿布·基尔。卡诺波斯的骨灰被保存在一个罐子里，被尊为传奇英雄。因此，埃及学者理所当然地将埃及丧葬用的罐子命名为卡诺匹斯罐。该器皿由雪花石膏制成，用于贮存制作木乃伊过程中从尸体内取出的内脏。器皿顶部的盖子为人头形状，在拉美西斯王朝统治期间，盖子通常是荷鲁斯的四个儿子头部的形状：伊姆塞特（Imset）代表伊西斯，拥有人头，用于保存肝脏；哈比（Hapy）与奈芙蒂斯相关，拥有一只狒狒的头，用于保存肺；多姆泰夫与奈特有关，有着胡狼的头，用于保存胃；凯布山纳夫（Qebehsenuf）代表塞尔凯特（Selkis），有着猎鹰的头，用于保存小肠。

大量仪式来争取。事实上，乘船前往冥界的路途充满了陷阱和危险，稍有不慎便会万劫不复。

对拥有较高社会地位且衣食无忧的阶层来说，他们一生都在努力为冥界的生活做准备，重心是建造和装修最适宜的坟墓。对所有古埃及人来说，他们的最佳归宿是能够与众神，尤其是与奥西里斯同处一个世界，而最悲惨的命运则是无法登上通往另一世界的船，只能在大地上，通常是在自己的坟墓四周徘徊。根据丧葬神话的描述，通往冥界的船可能载有数千名死者，例如，在战争时期，死亡人数不胜数，船的规模也庞大到无法估量。

❖ **死神阿努比斯** 在墓室中发现了许多与掌管冥界的神灵有关的动物形象。

❖ **女神塞赫梅特** 考古学家认为，此雕像可追溯至公元前 1390—前 1353 年，这位神灵负责将死者的灵魂献给奥西里斯。

在死亡和最终进入冥界的时刻之间（一些纸莎草文稿将其描述为"漫步西方的完美小路"），所有人都需要接受审判，当然，法老除外。死者的心脏被放在天平秤盘上，天平的另一侧则是玛亚特（Maat）女神，她是正义和秩序的化身。玛亚特有多种代表形式：象形文字、鸵鸟毛或头上用缎带系着一根羽毛的女神形象。称重仪式在奥西里斯和 42 位法官的见证下进行，由智慧和正义之神托特（Thoth）主持。当天平两边秤盘平衡时，奥西里斯神将接纳死者；反之，死者需要描述自己生前的所作所为，以争取再次被接纳的机会。

在所有关于审判的描述里，都有一个女性化的怪物在场，名为"吞食死者的人"，负责吞噬未通过考验之人。死者的毁灭被视为第二次死亡，这比第一次凡尘的死亡更为严重。

丧葬簿上记录了对这些二次死亡之人的各种刑罚，因为他们对生者来说是持续的威胁。当然，生者会尽一切努力避免这个灾难。

为了避免发生所有这些可怕的意外，死者下葬时会被放置大量的陪葬品，从食品到珠宝首饰，应有尽有。在这段奇异的旅程中，死者的灵魂需要进食，同时也需要向途中遇到的不同神灵供奉食物。因此，最富有的人比其他凡人拥有更大的概率被奥西里斯接纳。一些富裕的古埃及人在坟墓中建造了大型雕像，以使其灵魂在审判期间可以居住在雕像内，在获得有利判决前有容身之所。死者被精心包裹成木乃伊并有无数护身符护体，让死者在通往冥界时免遭不测。尸体经过适当的防腐处理和掩埋，保护其灵魂在冥界栖身。在所有坟墓中都挖掘出了许多名为"巫沙布提俑"（shawabty）的小雕像，它们无所不能，甚至可以进行体力劳动，帮助死者沿着既定路线顺利投身奥西里斯的怀抱。这些巫沙布提俑必须献出自己的"生命"，以避免死者第二次死亡，因为第二次死亡总是意味着危险与痛苦。

官方宗教与私人宗教

古埃及人的宗教崇拜分为两类，一类为官方公开的信仰，另一类是在私人住宅内进行的供奉仪式。官方宗教的仪式在各个寺庙中举行，仪式上法老祈求众神对其子民的垂怜，而祭司则负责维护神殿。众神栖身在图像和雕塑中，法老与其保持着永恒的对话，二者可以进行平等的交流。在法老赫列姆赫布（Harenhab）的殡葬中心内发现的铭文上写道："法老前来拜访你（指神灵），向你奉上贡品，你可以赐予他所有的土地或一个同等的礼物。"法老与众神之间的交往意味着爱与相互尊重，与联姻的情感类似。在官方宗教发展的同时，私人宗教也如火如荼地发展着，但其仪式仅限于家庭内部或较小的朝拜场所。此类宗教活动常使用巫术，例如大量的护身符、护主小雕像、在家中祭拜的祖先的半身塑像和特定装饰品。总体而言，私人宗教保留了早期宗教的古老仪式。

❖ **阿蒙神**　公元前 14 世纪的壁画。阿蒙神被视为宇宙的创造者，图中是其动物画像山羊头。

重要的神明

古埃及朝代更迭、帝国分裂，信仰、神话和仪式系统也因此而高度复杂和多样，各地均发展出自己的一套体系。早期的神灵仅受地方崇拜，包括一些村庄和独立部落。后来，随着领土南北部一些大州的建立，早期神灵与中心地区的神灵融合并产生关联。在此基础上经过逐步整合，埃及形成了一个广泛且丰富的诸神群体，其中，与农业或自然相关的神灵尤为突出。◆

普萨美提克三世陵墓中的奥西里斯雕像

众神之主（奥西里斯）

尼罗河之国的复活与生育之神，负责主持死者的审判法庭，决定他们的命运。后被其弟塞特谋杀，尸体被撕成碎片，散落在埃及各地。伊西斯找回了他的所有肢体，用魔力让他死而复生，并得以怀孕生下荷鲁斯。荷鲁斯将塞特放逐到沙漠，为他的父亲复仇。

女神伊西斯

母性和生育之神，其埃及名字为"Ast"（意为"宝座"），而"伊西斯"一名来源于希腊语。在第十八王朝时期，她最普遍的代表形象是坐着的姿态。她是奥西里斯的姐妹和妻子，同时作为拉的女儿，其头上戴着由两个角组成的太阳盘，这两个角是女神哈托尔的特征。伊西斯最重要的供奉圣殿位于菲莱岛，她在吉萨还作为"金字塔夫人"受人崇拜。

❖ 伊西斯登基，创作于公元前530年的雕塑。

鞭子 象征着权威和领导，法老在祭祀和丧葬仪式上都会手持鞭子，由此彰显其与奥西里斯拥有同等地位。

奥西里斯 与伊西斯和荷鲁斯一同组成三柱神。埃及的建立、法律普及、农业和诸神崇拜都归功于他。其形象组成元素包括阿泰夫王冠、手杖和鞭子。

阿泰夫王冠 王冠是权力的象征，古埃及用王冠的类型来区分不同的法老王朝。王冠的颜色通常为黄色，据信它能够帮助死者起死回生。

手杖 手杖是游牧民族在迁移动物时使用的工具，在埃及神灵的肖像画中，手杖代表对人们的指引和保护。

智者伊姆霍特普

伊姆霍特普（约前2690—前2610），在古埃及广为人知的第一位伟大智者，奠定了埃及医学的基础，撰写了一份关于解剖学的纸莎草文稿，该文稿还讨论了其他各类疾病和相应的治疗方法。同时，他还是一位占星家和建筑师，曾担任赫里奥波里斯的大祭司和法老尼特杰里赫特·左塞尔（Necherjet Dyeser 或 Djeser）的维齐尔。他被古埃及人尊为神灵，是第一个位列神灵和法老阶级的凡人。下图中，伊姆霍特普坐在托特和哈普（Hapu）中间。

❖ **建造者** 伊姆霍特普在第三王朝统治期间设计了萨卡拉阶梯金字塔（如下图）。

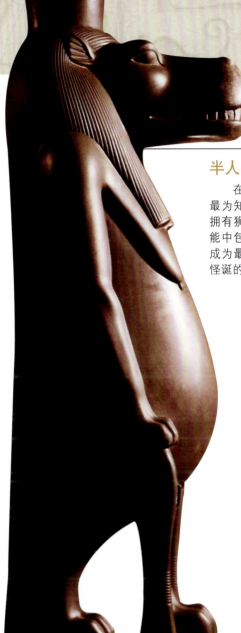

埃及开罗博物馆的塔沃瑞特雕像

半人半兽神

在众多半人半兽神灵中，塔沃瑞特最为知名。她是河马和女人的混合体，拥有狮子的爪子和鳄鱼的尾巴。因其职能中包括保障女性顺利生产，塔沃瑞特成为最受欢迎的女神之一。据猜测，她怪诞的外表可能是为了避开恶魔的侵扰。

阿匹斯神牛 埃及人以各种形式崇拜牛，其中，阿匹斯最受推崇。其主要的供奉仪式中心是孟菲斯，其次是塞易斯和阿特里比斯。古埃及人认为，有时阿匹斯神牛会取代冥界渡船，将死者运往冥界。

哈托尔神庙中的贝斯神浮雕，创作于公元前125年至公元60年

守护神

贝斯是爱侣们的守护神，当妇女和儿童需要帮助时，他会随时出现。他的身形具有某种东方特征，与美索不达米亚的仪式相关，在新王国时期以"邦特之主"或"努比亚之主"的身份出现。他身材矮小，赤身裸体，或仅用一块兽皮遮挡身体，鬃毛长，胡须浓密，外貌具有威慑性，能驱赶在睡梦中袭击人们的恶魔。在某些丧葬壁画中，贝斯被绘有女性特征。

伟大的神话

古埃及神话较为分散和零碎，并因来源和地区不同而有所区别。古埃及人对神的崇拜更甚于对自己建立的丰功伟绩的关注，也因此未能书写如古希腊人那般波澜壮阔的史诗。但是，古埃及许多精彩的原始神话仍流传到了今天，其中最突出的是造物神话，以及有关奥西里斯和太阳圆盘的神话，成为许多艺术作品的创作素材。◆

创作于公元前 10 世纪的壁画，绘有奥西里斯的船在努特的身体上航行，奥西里斯两侧是伊西斯和荷鲁斯

造物神话

和所有宇宙论一样，埃及的宇宙论对生命起源做出了全面阐释，认为世界是因众神之间的冲突而诞生的。空气之神舒把天空之神努特揽入怀中，使她与掌管大地的盖布相离，此举原因不明。由此天地被分开，奥西里斯·拉 (Osiris Ra) 的船开始在努特的躯体上航行。

奥西里斯神话

努特是一位与黑夜相关的神灵，她有两个儿子和两个女儿，分别是奥西里斯、伊西斯、塞特和奈芙蒂斯。奥西里斯使埃及崛起壮大，塞特因此生妒，将奥西里斯撕成碎片。奥西里斯的遗孀伊西斯将他散落的遗体收集起来并进行防腐处理，奥西里斯由此成为冥界之王。后来，奥西里斯和伊西斯的儿子荷鲁斯击败了塞特，因此，法老自视为荷鲁斯的后裔。

◆ 法老奥索尔康二世的三柱神，奥西里斯在伊西斯和荷鲁斯中间，制作于公元前924—前909年

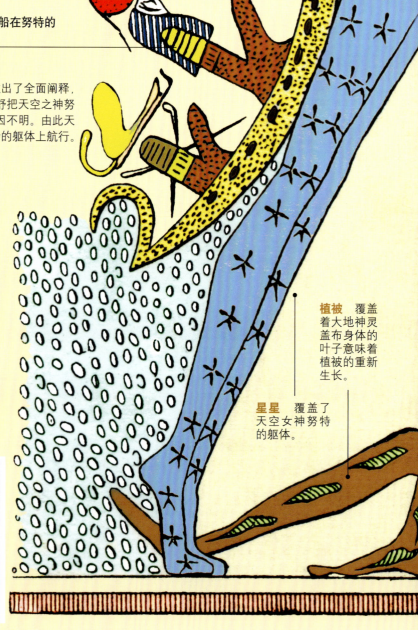

植被 覆盖着大地神灵盖布身体的叶子意味着植被的重新生长。

星星 覆盖了天空女神努特的躯体。

拉伸　乘坐的船只在努特蓝色的躯体上航行。

安可架　附着在太阳圆盘上的十字架，是生命的象征。空气之神舒的手中有大量安可架。许多人认为，这是希伯来语和希腊语中"灵魂"一词（分别为ruaj和pneuma）的前身。

淤泥颜色　盖布的躯体是尼罗河淤泥的颜色，尼罗河的淤泥也是埃及繁荣的基础。

蓝色　女神努特代表的天空与尼罗河水颜色相同。

太阳之旅

古埃及人认为，太阳圆盘代表的奥西里斯·拉的旅程始于黎明，然后乘船穿越天穹，在傍晚死亡，并在深夜继续穿越冥界。

地方神

埃及诸神包括一些地方神灵，但许多时候其信徒已越过最初的地理范围，延伸至整个埃及领土，乃至其他国家。荷鲁斯就是一个例子，他的影响力从最初的下埃及逐渐辐射到整个地中海地区。随着时间的推移，一些地方神被其他更强的神吸纳，在复杂的融合过程中变为综合神。◆

荷鲁斯的母亲哈托尔，其形象为牛头。

在古埃及的有些传说中，荷鲁斯神的母亲是哈托尔，而在有些传说中荷鲁斯神的母亲是伊西斯，哈托尔是荷鲁斯的妻子。

女神巴斯泰托（Bastet）形象的护身符

家庭守护神

巴斯泰托，简称巴斯特（Bast）或贝斯（Bes），是家庭守护神，象征和谐与幸福。她代表太阳的温暖，以及阳光为大地带来的福祉。古埃及人举办盛大的节日向她致意，人们载歌载舞，不醉不休，由此取悦女神。

荷鲁斯项链　由几片金片和彩色水晶组成，这些元素象征猎鹰的羽毛和翅膀的不同部分。

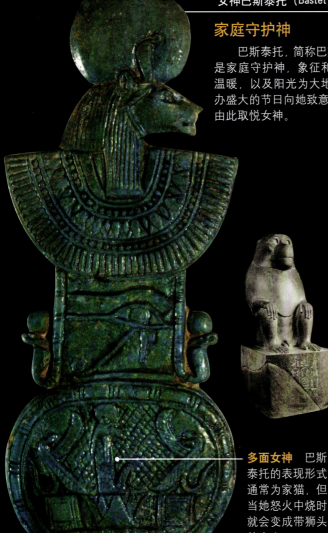

多面女神　巴斯泰托的表现形式通常为家猫，但当她怒火中烧时就会变成带狮头……

托特　智慧之神，其独特表现形式为朱鹮鸟的头和牛角之间的太阳盘。

伟大的改革者

为对抗神职阶层的霸权，第十八王朝的法老埃赫那吞下令革新宗教，只信奉单一神灵，阿顿由此成为新的且唯一的太阳神。在其统治期间，埃赫那吞下令创作了许多展现他与妻子纳芙蒂蒂和六个女儿亲密关系的艺术作品。这类景象以前从未在官方艺术作品中出现过。

❖ 阿马纳的石灰岩浮雕，表现了埃赫那吞、纳芙蒂蒂和两个女儿。

底比斯葬礼壁画上的荷鲁斯，创作于公元前11世纪

荷鲁斯，全埃及之神

天空、光明与善良之神，是自然女神伊西斯和冥界之神奥西里斯的儿子。其父被黑暗与邪恶之神塞特谋杀，后荷鲁斯手刃仇人为父复仇。他在整个埃及都受人敬仰，通常形象被描绘成猎鹰或有着猎鹰头的男人；另一个代表形象是一只手指贴在嘴唇上的孩子，这个图像被传到希腊和罗马神话中，并以希腊名字"哈尔波克拉特斯"命名。荷鲁斯是天空与治愈之神，被尊为埃及文明的开创者，遭受病痛折磨或陷于法律纠纷的人会向他祈求垂怜。其主要神庙位于埃德夫和莱托波利斯。

权杖 同大多数埃及神灵一样，荷鲁斯手握一支或多支手杖，这是指引和保护的象征。

玛亚特 其象征物为一只鹮鸟，头上戴着鹮鸟羽毛，她是拉神的女儿，真理、正义与和谐的女神。

代表形式 除了最常见的猎鹰或头部为猎鹰的男人，荷鲁斯还会以带有双翼的太阳形象出现，是庙宇大门及内部房间的保护标志。

头发
与埃及男女常用发型一样为卷曲式，在神的鸟头上尤为突出。

创造者普塔

他是泥瓦匠与手工匠的保护者，还拥有治愈疾病的能力。最常见的代表形象是一个身披裹尸布、戴着帽子和项链的矮小男人，在孟菲斯备受推崇。

❖ 在孟菲斯发现的普塔雕塑，创作于公元前13世纪。

《亡灵书》

《亡灵书》由一系列咒语和魔法公式构成，在古埃及的宗教仪式上，可以帮助死者的灵魂（埃及人称其为"卡"）在通往冥界的道路上通过奥西里斯的审判，成功实现凡尘之外的永生。该书的出现可追溯至新王国时期，但起源可追溯至古王国的金字塔文和中王国的石棺文。《亡灵书》包含了各个时代的丧葬文本。◆

卡（灵魂） 埃及人认为死者的灵魂是神圣的，死后会登上驶往冥界的船，直到与奥西里斯的灵魂合二为一。

《亡灵书》纸莎草文稿中的细节

奇特的文集

《亡灵书》中已为人知的部分仅有192章，且篇幅相差极大，没有一个纸莎草文稿包含着全部内容。纸莎草文稿的篇幅因每个死者的购买力高低而有所变化。如果某一个版本大受欢迎，庙宇就会批量制作其较为经济实惠的版本，而后再在上面填写买家的名字。

否认罪行 死者的灵魂为成功通往来世进行自我辩护，宣称自己无罪。这说明，人死后也无法脱离道德的约束。

奥西里斯 主持审判死者灵魂的法庭。当灵魂通过考验时，可以融入神灵的光辉之中。

天平 人死后，灵魂必须经受考验。死者的心脏被放在天平其中的一个秤盘上，由天平决定他的命运。

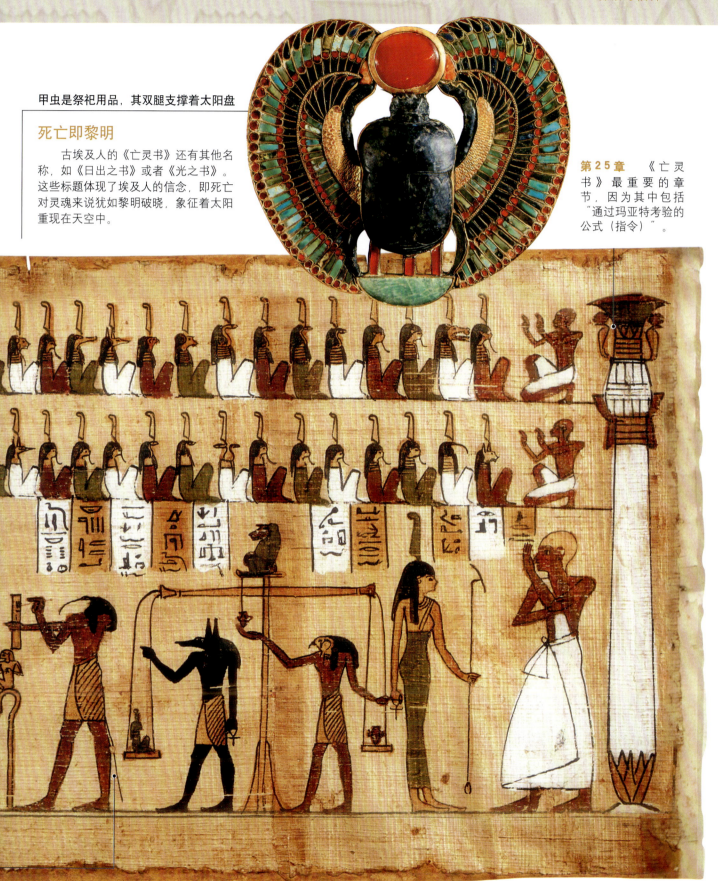

甲虫是祭祀用品，其双腿支撑着太阳盘

死亡即黎明

　　古埃及人的《亡灵书》还有其他名称，如《日出之书》或者《光之书》。这些标题体现了埃及人的信念，即死亡对灵魂来说犹如黎明破晓，象征着太阳重现在天空中。

第25章　《亡灵书》最重要的章节，因为其中包括"通过玛亚特考验的公式（指令）"。

木乃伊的仪式

古埃及人坚信，灵魂在尘世之外的生活是世俗后的第二次生命。为了让灵魂成功迁徙，躯体必须保持良好的状态，因此，古埃及人会对尸体进行防腐处理并制成木乃伊，处理方式会虑及死者的死因，包括自然死亡、战死、意外事故、谋杀等，同时也考虑死者的经济能力。防腐处理大约需要 70 天，在此期间会举行不同的宗教仪式。◆

拉美西斯二世的木乃伊，从帝王谷的 KV7 陵墓挖掘而得

石棺与木棺

木棺和石棺的外观在帝国的发展历程中不断变更，但基本保留了矩形和拟人化的外观。拟人外观的棺材出现在中王国时期。原始面具由木头或石头制成，国王用的面具则由黄金制成，用于覆盖死者的上半身，而棺材则成为面具的自然延伸。

凡尘外的财富

古埃及人埋葬死者时会放置各种日常用品，以便死者在凡尘外仍能享有舒适的生活。在坟墓里已挖掘出从建筑模型到器皿和家具等各类物品。

◆ 几乎所有的坟墓里都发现了凉鞋或模型船，其目的是方便死者走向神的宝座，投入他的怀抱。

亚麻布绷带 古埃及人用浸有树脂液的亚麻布包扎尸体，使布条彼此黏合并在干燥后变硬。

泡碱 用于填充尸体使其脱水。在第 40 天洗净尸体，并涂上油脂使皮肤更柔软。

带有荷鲁斯神四子头像的卡诺匹斯罐

钩 从喉咙或鼻子插入，钩出死者的大脑，用石刀在体侧切口取出除心脏以外的内脏。

器官和内脏的处理

　　制作木乃伊时，要从尸体中取出器官，对器官进行清洗并涂抹泡碱，然后放在卡诺匹斯罐里。这些罐子分别代表荷鲁斯的四个儿子，陪葬在死者身旁。如图，从左到右分别是凯布山纳夫（长着鹰头），用于储存肠子；多姆泰夫（长着胡狼头），用于储存胃；哈比（长着狒狒头），用于储存肺；伊姆塞特（人头），储存肝脏。

最外层石棺 仿造死者的脸庞，装饰有彩色图像和不同的文字。

项链 戴在死者身上的项链，其尸体用一个网织物和奥西里斯的代表物亚麻裹尸布包裹。

丧葬面具 彩绘或金制的面具，放在死者头上，以理想化的方式重现其面容特征。

漫长的旅程

　　埃及人将死亡视为重大事件，是结束世俗生活与开始来世旅程之间的转折点。

❖《亡灵书》里的"阿尼纸莎草文稿"

1 **携手荷鲁斯** 在《阿尼之书》这一部分中，可以看到荷鲁斯带领死去的抄写员阿尼面见奥西里斯的场景。

2 **审判** 奥西里斯在女神奈芙蒂斯和伊西斯的陪同下主持审判。经过其批准，阿尼化身"Ahj"，并到达冥界。

石棺 第一层木棺放置在石棺中，用厚石板密封，然后将石棺放入墓室。

第一层木棺 尸体包扎好后放置在第一层木棺内。木乃伊的胸部上有带翼的甲虫图像。

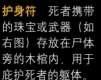

护身符 死者携带的珠宝或武器（如右图）存放在尸体旁的木棺内，用于庇护死者的躯体。

图坦卡蒙之墓

1922 年 11 月 4 日，英国埃及学家霍华德·卡特（Howard Carter）在对帝王谷进行挖掘时发现了法老图坦卡蒙之墓，这一发现震惊了考古界。由于发现的物品数量巨大、价值连城，此次考古成了埃及学发展史上的一个重要里程碑。图坦卡蒙为第十八王朝法老，约公元前 1333—前 1323 年在位，其名字意为"阿蒙的真身图像"，与重大宗教事件有关，例如，禁止对阿顿神的崇拜，并由阿蒙神替代。他的统治期虽然短暂，却为统一始终处于敌对状态的上埃及和下埃及跨出了决定性一步。◆

图坦卡蒙所用的黄金丧葬面具

让·弗朗索瓦·商博良

商博良（1790—1832）是专门研究东方文化的法国历史学家，也是埃及学真正的开创者。他破译了于 1799 年发掘出土的罗塞塔石碑上的象形文字。

◆ 商博良的肖像

起源之谜

一些埃及学者推测，图坦卡蒙是埃赫那吞和王妃基娅（Kiya）的儿子，而其他学者则认为，他是阿蒙霍特普三世与其女西塔蒙公主（Sitamón）的儿子。他在 19 岁时神秘死亡，人们猜测他因从马上跌落而丧生。在法老的传记中，各个传说交织在一起，有时甚至相互矛盾。这主要是因为神的特性不同，且神话通常经过改编，以适应帝国各个地区不同的宗教习俗。

扶手椅　在坟墓内发现了六把与左图类似的扶手椅，优雅华贵，全部由乌木、象牙和金箔制成。

衣箱　由灰泥木制成，里面装有各式各样的童装。

胸针　用于抵御邪恶力量的护身符，由黄金和玻璃浆制成。

发现过程

1922年
经过十年的搜寻，霍华德·卡特发现了图坦卡蒙之墓。他花了六年多的时间才挖掘出陵墓内所有珍藏的宝物。

1924年
2 月 12 日，霍华德·卡特开启了墓室的门，并打开四具石棺，在其中一具石棺中发现了保存良好的图坦卡蒙的木乃伊。

1925年
10 月，霍华德·卡特（左）正在检查其中一具石棺。他被授权检查图坦卡蒙的木乃伊。

卡诺匹斯罐　在坟墓内发现的用黄金和红玉髓制成的卡诺匹斯罐，贮存了法老的内脏。

扇子　法老使用的扇子，由黄金制成，手柄和扇面装饰精美。

陵墓

这是一个面积为 108.83 平方米的地下墓室，盗墓者曾两度入侵，但均以失败告终。其最高处为 3.68 米，宽度为 7.86 米。陵墓分为六个部分：

1. 楼梯
2. 走廊
3. 前厅
4. 墓室
5. 宝藏室
6. 备用房

帝王谷

第十八王朝的法老图特摩斯一世第一个下令在帝王谷建造自己的地下墓室，以避免墓室的财富被侵盗。帝王谷是新王国所有君主的最终归宿，在谷内已找到 62 座陵墓，最后一个发现的是图坦卡蒙之墓。

❖ 帝王谷位于底比斯附近的尼罗河西岸，是皇家和私人陵墓所在地。

文化遗产

文化遗产

永不息止的尼罗河

以著名历史学家希罗多德为首的希腊人最先惊叹于古埃及文明的奥妙，并试图将其化为己用，这一行动促使古埃及文明遗产传遍世界。上埃及的许多信仰都在前苏格拉底哲学中留下了烙印，它们被转变为哲学和宗教原理，与古典希腊思想相融，继而传到整个西方世界。《旧约》（Antiguo Testamento）前几章谈及犹太人在埃及为奴的部分同样也吸收了尼罗河文化中的许多元素。只需阅读西格蒙德·弗洛伊德（Sig-mund Freud）关于摩西（Moisés）的著作，就足以了解法老崇拜和首个一神教之间千丝万缕的联系。在古巴勒斯坦犹太社区建立的基督教也继承了古埃及文化的重要特征。伊斯兰教在向西朝伊比利亚半岛推进的过程中也在尼罗河岸奠定了基础，并与古埃及的遗产相融合，传遍全球。

金字塔是古埃及最突出的象征，也是对这一伟大文明的永恒见证，时至今日仍有许多奥妙等待破解。金字塔塔身之庞大，即使在科学技术如此发达的今天，现代工程学也无法完全诠释其原理。它反映了一个井然有序的神权帝国，其社会和政治架构正是"金字塔形"的。古埃及的国王手握大权，挥金如土，能迫使成千上万的工人和奴隶年复一年地为他们工作：从采石场中挖出石块，运输到建筑工地，并以高超的技巧一块一块地搭建上去，直到建造起庞大的陵墓，以容纳法老的凡躯。古埃及君主不仅是所有臣民生命和财产的主人，主宰着法律和宇宙的所有秘密，还被认为是神灵在凡间的化身。他死后将离开人间，重新回归到众神之界。许多人类学家认为，古埃及的法老是代表神性的至高无上的人类，这一关联在一神教的起源、有关复活的神话，以及基督教"重生"的概念里都有体现。同样，死者的灵魂前往冥界时所受到的审判，也体现在所有一神教的末世论中。这些论述最终融合成了"最终审判"的神话。

另一视角

法老的葬身之地金字塔顶端表明他的灵魂最终将升入天堂。金字塔是在法老身处尘世时建造的，它的顶峰也意味着，在尘世里，君主居高临下，主宰众生的命运。统治者的尸体得到精心的防腐处理并被制成木乃伊以永久保存，象征着他在来世将永恒存在。古埃及人认为，仅保护尸体仍不足以达到这一目的，所以，雕塑家还用坚硬的花岗岩雕刻君主的肖像。正因如此，形容雕塑家职业的词语意为"维持生命的人"。壁画家、陶艺家和金匠的艺术作品为生命带来了永垂不朽的意义。因为坚信法老与众神同样伟大，而其他凡人则如此渺小，古埃及的艺术家们常常诉诸庞大的艺术作品来彰显君主的至高无上。

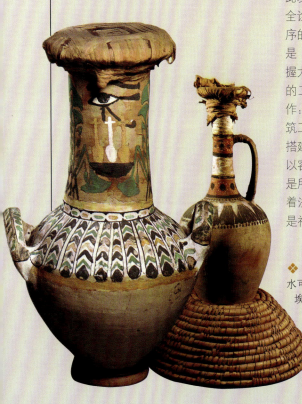

❖ 香水　在左图这样的容器内盛放的香水可追溯到公元前 1550—前 1300 年。古埃及人贮存精油和香水，男女通用。

❖ **供奉神灵**　上图，一个抄写员正向所谓的"西方之神"献花，这幅作品被考古学家认定为绘于公元前1180—前1000年。

孟农巨像 这尊巨型雕像的历史可以追溯到公元前 15 世纪，卢克索神庙中有许多其他类似尺寸的大型雕塑。

❖ **护身符** 在古埃及官方的万神殿诞生之前，护身符就已经开始使用，这一习惯得到延续，在埃及十分常见。

异教徒
阿蒙霍特普四世

❖❖❖

纵观整个古埃及的历史，只有一位法老敢于打破陈规，那就是第十八王朝（即新王国时期）的国王阿蒙霍特普四世。新王国是在一次灾难性的被入侵后建立的。阿蒙霍特普四世是一个异教徒，他用至高无上的神阿顿取代了原先由拉领导的万神殿。为证明其信仰的忠诚，他本人也改名为埃赫那吞。他将自己的宫殿搬迁至现名为阿马纳的小镇，并下令创作了一些画作，包括描绘他拄着拐杖与妻子一同在花园里漫步，而女儿在一旁蹒跚学步的场景。在画作中他的妻子占据的尺寸并不比他小，她轻轻地将手放在他的肩膀上，同时，一个金色球体代表的太阳神在一旁伸出慈爱的双手。这样的画作当时在埃及人中想必引起了轩然大波。

绘画与图画

在朴素的现实主义绘画中，法老图像的尺寸要大于其他任何画像。在欧洲中世纪，直到文艺复兴时期，基督教的宗教绘画也采用了同样的手法——基督、圣母和圣徒的画像尺寸要大于芸芸众生，以凸显其伟大。在这两种情况下，艺术家这样的处理方式并没有忽视透视原理，而是他们对空间和时间的视角源于高度等级化的社会现实。

金字塔的装饰绘画是古埃及艺术中最出色的作品之一，在保持高度简洁的同时，其庄重性也让观者肃然起敬。艺术家坚信，他们描绘的对象已具备极其优越的条件，对其美化或凸显其权威只是画蛇添足，因此，他们转而诉诸自然现实主义或几何象征主义手法。同样，画作的自然创造与整体比例也达到了完美平衡，传递着生命和永恒的主题。

古埃及艺术同时兼备几何的规律性与对自然敏锐的观察力，其最好的研究材料便是墓室内壁上的浮雕和绘画。值得一提的是，这种艺术形式并非为讨人们的喜爱，而是有着明显的宗教功能：凡人永远没有机会瞻仰保存在金字塔心脏地带的艺术作品，只有死者的灵魂以及众神才有资格观赏。

奇特的现实主义

古埃及的浮雕和壁画采用现实主义手法为我们完美重现了几千年前人们的生活状态。但是，古埃及艺术家展现现实生活的方式十分独特。他们的职责是让画中之人永垂不朽，因此，他们不关心画作的美感，而是追求完美精确。他们根据记忆进行绘画，并遵守严格的规则，从而确保作品里的所有要素都完全清晰可辨。实际上，他们在描绘人体的时候，其严谨程度更像是制图师，而非画家。他们十分清楚自己工作的目标，在绘画时采用坚实的线条绘制精确的轮廓。由于人的头部从侧面更容易观察和描绘，所以，他们总是绘制侧面头像。不过，他们总是从正视图的视角描绘眼睛这种结构清晰的器官，造成的结果就是，侧面的头像上常常有一对正面的眼睛。

上半身中，肩膀和胸部从正面更容易展示，这样，手臂就可以自然垂于身体两侧，但同时，移动的手臂和脚从侧面描绘更加清晰，所以，在许多画作里，人物形象显得扁平而扭曲。此外，古埃及艺术家发现很难从外侧的视角表现左脚，于是，他们倾向于首先清晰勾勒出人物的大脚趾。因

艺术与工业

在陵墓内发现的一些浮雕和绘画描绘了工匠正在制作工艺品的场景，表现了当时高超的技艺水平，例如，随处可见的正在称金的金匠、即将完成船体制造的装配工、金属冶炼工或木匠在圣殿的木制符号上进行最后的装饰……在出土文物中也发现了大量的手工工具。屠夫可以保障陵墓内丰富的食品储备，因而在许多葬礼场景中都有所呈现。贡品包括大量不同品质和形状的面包和蛋糕。有时，埃及人会将面团放在预先加热的陶壶里，在不直接加热的情况下进行烘烤。许多陵墓中也有酿酒师的形象，他们时而俯身，时而直立。

此，两只脚都从侧面描绘，导致浮雕上的形象看起来像是有两只左脚。如前文提到的透视问题，尼罗河之国的艺术家仅仅遵循一条规则，那就是把所有他们认为重要的东西都融入作品

的人物中，其规则之严格与一种神奇的想法有关：礼物交换是死亡的一个必要过程，若是一个人的双臂采用了透视画法，那么，无法保证这个人在死后能够携带送给众神的礼物或接受众神赐予他的礼物。

❖ **小雕像**　猎鹰形象的丧葬雕像，目的是保护死者在冥界的生活。

❖ **化妆品** 两个雪花石膏罐子，可追溯至公元前1500—前1300年，盛有涂抹身体的软膏。

古埃及艺术家在开始绘画前，先在墙上画出一个直线网格，然后，沿着这些线条仔细安排人物的位置。他们在保持几何结构规整的同时，也以惊人的准确性展现了自然的细节——无论是展翅飞翔的鸟儿、遨游的鱼儿，还是美丽的蝴蝶，无不栩栩如生，以至于现在的动物学家和植物学家仍然可以准确辨认其中的每个物种。

遵从于同样严格的规范性，坐姿形态的雕像应该将双手置于膝盖上，男人必须比女人画得更黝黑，必须严格遵循每个神灵的既有形象。受"万物有灵论"的影响，早至上埃及和下埃及统一成帝国之前，古埃及与诸神就

各自对应某种动物形态。例如荷鲁斯总是和猎鹰联系在一起，阿努比斯则以胡狼的形象出现，这些关联都被古埃及艺术家深深地印刻在脑海中。

文字

同样地，古埃及艺术家书写的文字也须保证绝对清晰可辨，以便将象形文字的图像和符号刻在硬石上，且保持统一。在一个崇尚永恒的世界里，没有人追求与众不同，重复既有的表现形式是每个艺术家创作的基本条件。因此，在整个历史进程中，古埃及艺术几乎没有什么改变，仅仅在不同区域有少许变化，但是展现人与自然的方式本质上始终保持不变。

公元前3000年左右发明的文字深刻影响了古埃及的历史。文字发明伊始只是为了避免使用复杂的图形系

统，但在某种程度上，文字的应用让更多行业能够参与到公共生活中。当时，抄写员和记录员属于特权阶层。经过一段时间的学习和培训，他们的社会地位得以提高。据了解，在现在的迪尔·麦地那地区曾办有一所抄写学校，学生们通过多次抄写一本名为《凯米特书》的草体象形文本进行学习。学生毕业后，将被根据其专长分配工作，包括做书信、讽刺作品、诗歌和颂词的抄写员。

文本的生产中心又称为"生命之屋"，每个寺庙都有配备，为抄写员提供了誊写各种传统作品的场地。尽管许多文本在从象形文字到世俗体文字转变的过程中已经失传，但这个传统仍几乎毫无间断地持续到公元3世纪。在抄写传统存续的尾声，一些文学作品在更广泛的领域内传播，尽管当基督教成为罗马官方宗教时，许多文学作品被天主教会下令禁止传播并销毁。古埃及世俗体文字与公元前7世纪到公元前6世纪使用的口头语言相对应，取代了帝国时期使用的官方文字。

书面和口头语言之间的差距逐渐拉大。到了公元2世纪，一些埃及的巫术文本开始使用希腊文字书写。从公元4世纪开始，二者的融合产生了科普特语，为基督教埃及所用，在公元640年后逐渐被阿拉伯语取代。

❖ **金字塔** 孟卡拉、哈夫拉和胡夫金字塔属于吉萨金字塔群，考古学家认为其历史可追溯至公元前2500年左右。

西方的埃及印记

尽管希腊人首先发现尼罗河之国丰富的文化遗产，但真正将其发扬光大的却是罗马人。自公元前30年征服埃及以后，罗马十分欣赏独具"异国情调"的埃及风格，各式各样的埃及风格物品涌上罗马街头。许多罗马雕塑家致力于仿造埃及的狮像和狮身人面像。到了公元4世纪中叶，罗马已经拥有众多的方尖碑和两座金字塔。1586年，一座方尖碑在

圣彼得大教堂前被高高竖起。对文艺复兴时期的人文主义者来说，埃及艺术具有赫尔墨斯主义特征，他们对古代神灵赫尔墨斯·特利斯墨吉斯忒斯（Hermes Trimegisto）的崇拜有着不同的解释。18世纪出版的许多书本里除了介绍希腊和罗马文物，还一同展示了埃及文物。通过此类书本和曾到访埃及游客的自述中可知，从服装到建筑，各种"埃及风格"在欧洲逐渐成为时尚，神秘主义的

传播范围也因此扩大。玫瑰十字会使用的"奥秘"主题也转移到共济会。一些共济会采用了"埃及仪式"作为新成员的入会仪式，如拥有诸多德语区自由派成员的"兄弟会"，莫扎特（Mozart）和他的朋友兼歌剧脚本作家席卡内德（Schikaneder）就隶属其中。这一传统的影响力在《魔笛》（La flauta mágica）的象征符号中清晰可见。

❖ **拉达梅斯** 男高音歌唱家鲁契亚诺·帕瓦罗蒂饰演《阿依达》中的著名人物拉达梅斯，《阿依达》是伟大的朱塞佩·威尔第创作的描写古埃及时期故事的歌剧。

艺术与工艺品

　　古埃及并没有"艺术家"的概念，木匠、画家和雕刻家都被视为手工匠。家具、雕像、酒桶、珠宝、各类餐具，以及各种用途的物件都在他们的工作坊诞生。每个工匠都是自己领域内的专家，但几乎在所有场合，尤其是大型工程中，工匠们都必须团队合作，没有谁高人一等。他们受神的启示，运用自己的艺术和技能完成宗教使命，因此，没有任何人在参与的作品上署名。尽管后人不断惊叹于这些结构复杂、美轮美奂的艺术作品，却无从知晓这些创造了大量埃及奇迹的艺术家的身份。◆

第五王朝统治期间由玻璃陶瓷制成的项链细节图。

镶满宝石的努比亚银冠

贵金属

　　所有的金银匠作坊都使用贵金属和宝石。黄金从努比亚和东部沙漠开采而来，金矿内的工作条件十分糟糕，希罗多德曾记录道，被送往金矿进行开采工作的奴隶劳工受尽剥削，无一生还。

涂绘成山羊形状的赤陶（新王国时期）

丧葬小雕像

　　赤陶小雕像用黏土制作，并在火炉中硬化，它们被放置在陵墓内部，以保护死者的灵魂躲避冥界的危险。古埃及人相信这些物品被赋予了魔力，当死者在冥界接受审判时会化身为神灵，帮助死者和众神进行沟通。

壁画技巧

　　陵墓由工匠团队负责装饰。工匠首先要将墙壁打磨光滑，在表面涂抹灰泥，然后用一根绳子抵在墙上作为尺子，以点状标出正方形网格。方格大小根据壁画中主要人物手掌的尺寸确定，人物身体的每个部分按照相应比例占据一定数量的方格。一个直立的人物从头到脚在竖直方向上占据18个方格。室外的装饰则包括在浮雕或一些人物雕刻上的绘画。

❖ 上图是对供奉荷鲁斯神的埃德夫大神庙外部的浮雕图像进行理想化重建的效果图。

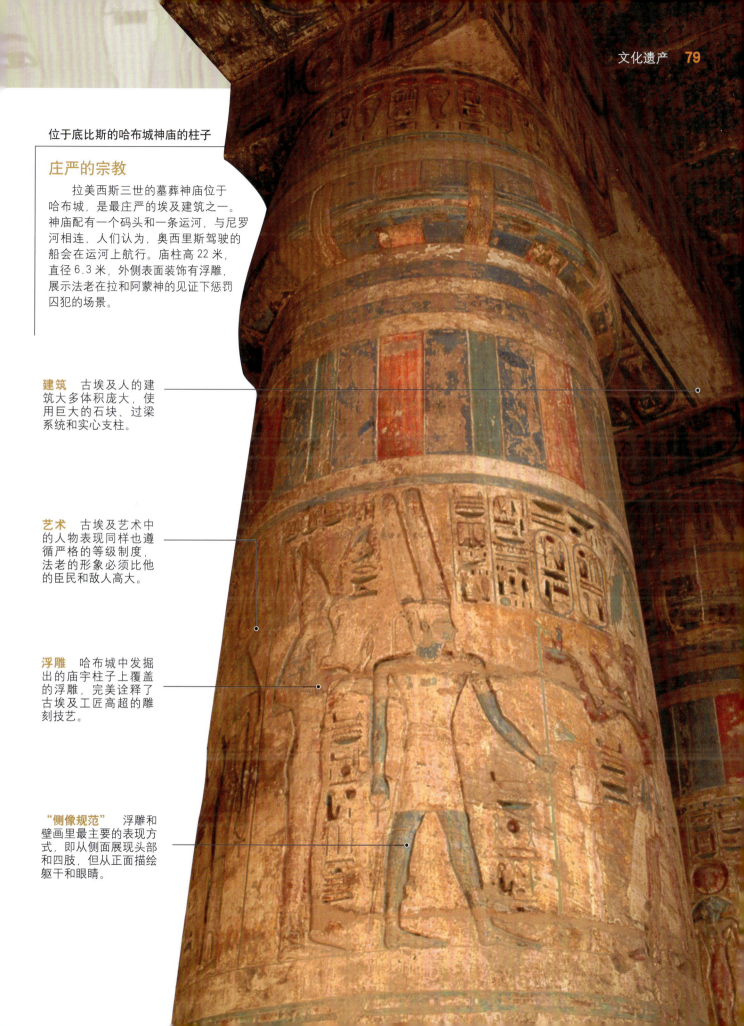

位于底比斯的哈布城神庙的柱子

庄严的宗教

拉美西斯三世的墓葬神庙位于哈布城，是最庄严的埃及建筑之一。神庙配有一个码头和一条运河，与尼罗河相连，人们认为，奥西里斯驾驶的船会在运河上航行。庙柱高 22 米，直径 6.3 米，外侧表面装饰有浮雕，展示法老在拉和阿蒙神的见证下惩罚囚犯的场景。

建筑　古埃及人的建筑大多体积庞大，使用巨大的石块、过梁系统和实心支柱。

艺术　古埃及艺术中的人物表现同样也遵循严格的等级制度，法老的形象必须比他的臣民和敌人高大。

浮雕　哈布城中发掘出的庙宇柱子上覆盖的浮雕，完美诠释了古埃及工匠高超的雕刻技艺。

"侧像规范"　浮雕和壁画里最主要的表现方式，即从侧面展现头部和四肢，但从正面描绘躯干和眼睛。

胡夫金字塔

　　于世人而言，尼罗河帝国亦是"金字塔之国"，金字塔建筑已和古埃及画上了等号。同时，这种建筑模式象征着由中央集权、等级制和垂直权力体系控制下的社会，即"金字塔社会"，也就是古埃及的统治模式。在所有金字塔中，胡夫金字塔无疑是最具代表意义的一座。建造胡夫金字塔是一项浩大的工程，于公元前 2551 年至公元前 2528 年在法老胡夫统治期间完成，是古代七大奇迹中唯一幸免于时间侵蚀的遗迹，至今仍有许多奥秘等待发掘。◆

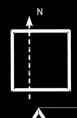

高于哈夫拉金字塔（143.5 米）和孟卡拉金字塔（100 米）

高度：146.6米

地基边长：230 米

死亡之城

　　吉萨高原是尼罗河西岸的一座巨大墓园，是埃及法老时期最著名的三座金字塔的所在地，如左图：胡夫金字塔（1）、哈夫拉金字塔（2）和孟卡拉金字塔（3）。这三座古迹是这座大型墓园的一部分，除了狮身人面像（4），其他建筑大多雷同。除了大神庙（5），每座神庙都有一条"游行路线"（6）。另外，还有供达官显贵专用的金字塔型坟墓"马斯塔巴"（7）、其他墓葬神庙（8），以及较小的、次要的金字塔（9）。

王后的陵墓　尽管此地命名如此，但事实上里面埋藏的是了胡夫的家当，他的妻子则被葬在相邻的金字塔中。

地下室　未完工的空旷房间，可能用作迷惑盗墓者，使其无法找到真正的陵墓位置；亦可能是石棺最终放置的位置，但随后石棺被丢弃。

墓葬神庙的演变

马斯塔巴

　　埃及贵族的早期陵墓形式是地下墓室，在其上方建造了一座单层小祭坛，用于摆放贡品和举行宗教仪式。

金字塔

　　是在马斯塔巴之上一层层叠加而成。代赫舒尔金字塔是最古老的金字塔之一，它见证了埃及人从雏形逐渐建造出成熟形态金字塔的探索历程。

地下墓室

　　底比斯法老用地下墓地的形式避免金字塔内的财富被掠夺。墓室和小祭坛都隐藏在地下或在岩石上挖出的洞穴里。

胡夫金字塔结构示意图

法老的陵墓

其墓室占地约 50 平方米，曾被洗劫一空，后得到及时修补，所以，墓室内仅放置了一个空的红色花岗岩石棺。屋顶石块的重量由五个隔间支撑，其中一个隔间内写下了参与建造陵墓的两组奴工的名字。

金尖顶　胡夫金字塔顶尖由从尼罗河运来的白色石灰石制成。为使尖顶在阳光下熠熠生辉，其上镀有可反射光线的金属，可能是黄金。

主　廊　长 46 米，高 8.5 米，用于将上行走廊与法老的陵墓连通。

伟大的发现　2002 年 9 月，一个遥控机器人通过通风孔（在过去，可能被视作法老灵魂的出口）找到了墓室的入口，带来了全新的发现。

入 口　位于距地面 17 米处，在法老入葬后用石块封口，通过长 29 米的下行走廊与地下室连通。

逐步增加

法老在世时，随着其年岁增长，金字塔也在其原有的规划上不断扩大规模，在金字塔的壕沟和核心部分加盖了更多由石灰石建筑的台阶和房间。

斜坡系统

研究人员至今仍为金字塔的建造技术争论不休。最新考古发现，建造金字塔使用了多种斜坡系统，以便将石块向高处运输。

1 多重式斜坡　　**2** 环绕式斜坡　　**3** 台阶式斜坡　　**4** 单面斜坡

建筑

在一个由上至下统治、等级制度森严的社会里，法老身居权力金字塔的顶尖，因此，埃及建筑大多体积庞大，以象征性地表现出法老手中包罗万象的权力。金字塔、狮身人面像、大型雕像和庙宇等建筑全部为法老服务。法老支配其臣民的命运、宇宙的秩序和冥界的生活。整个帝国的运作都是为了完成其伟大的使命。◆

拉美西斯建筑群的侧面（约前1290—前1269）

一切都为献给法老

拉美西斯建筑群是拉美西斯二世在底比斯墓地建造的墓葬神庙，位于尼罗河西岸，面朝卢克索市，与帝王谷相距不远。商博良在这里的墙上识别出了法老拉美西斯的名字，该建筑群由此得名。该建筑群的原始名称其实是"将底比斯市与阿蒙王国联合的乌瑟玛瑞·塞特潘利的百万年之家"。建筑群占地 10 公顷，除了一些用于供奉拉美西斯二世的妻子奈菲尔塔利 (Nefertari) 及其父母塞提一世和图雅的寺庙，还设有作坊、仓库和其他辅助性建筑。

在迪尔·麦地那发现的第十八王朝的石制天平
（前 1567—前 1085）

奴隶劳工

埃及人起初使用的建材是晒干的砖、土坯和石灰。随着技术的发展，他们转而使用石材和花岗岩。奴隶很可能是建造建筑的主要劳动力，从而将成本控制在最低水平。在建造一些大型建筑时，当地的农民也被召集到其中，他们生产的食物用于供给工程人员食用。

支柱 这些支柱不仅为建筑架构服务，同时还有装饰作用。除部分支柱是整体式的，大部分支柱都是由巨大的石块层层叠加建成的。

哈索里卡 特指具有圆形底座的支柱。柱头由石模制成，在一些建筑里，哈索里卡被放置在女神哈托尔石像的头上。

拱门 古埃及建筑不用拱门，仅有支柱和过梁门。由于建筑很高，且包括屋顶在内的各部分均由石料制成，横梁的承重负担大，因此，柱子之间的空间很小，且柱子的数量多、柱身粗壮。

阿布辛贝

　　阿布辛贝是由岩石雕凿而成的两座寺庙的综合体，其中的大神庙是古埃及保存最完好的建筑之一。建造阿斯旺水坝时引起了尼罗河水位上升，所以，必须对包括河岸边阿布辛贝神庙在内的几座建筑进行拆迁。一个由专业工程师和技术人员组成的国际团队负责将建筑切分成数个部分，并在安全地点将其重新组建起来。

❖ 阿布辛贝是拉美西斯二世建造的一座寺庙，阿蒙、拉、普塔和拉美西斯在此处一同受到敬拜。

二十年 建造这座寺庙大约耗费了二十年时间，建筑工程由科普托斯的佩拉和阿拜多斯的阿蒙涅米特两位建筑大师牵头完成。

奥西里斯的雕像 这些雕像守卫着拉美西斯建筑群的第二座庭院。乌瑟玛瑞·塞特潘利（Usermaatra Setepenre）是拉美西斯二世登基时使用的名字，他是古埃及帝国最伟大的缔造者之一。

象形文字

文字的发明对各个文明的发展壮大均至关重要，因此，几乎所有古代文明都认为，文字源于神祇。古埃及同样如此，尼罗河之国的居民认为，托特是书面文字的守护神。这位神祇忽男忽女，头部长着带弯曲长喙的长脚鸟朱鹮，向人类传授了书面文字的知识。由他挑中的少数人能够读写文字，只有一群特定官员——抄写员有权掌握文字。◆

刻有象形文字的木板块，为法老阿蒙霍特普三世所有，可追溯至约公元前1379 年—前 1362 年。

写有僧侣体文字的纸莎草文稿碎块

僧侣体文字

由于象形文字的使用有重重困难，尤其是书写极其缓慢，于是僧侣体文字应运而生。它从最初的象形文字图形形态逐渐演变为相互连结的文字形态。除此之外，从新王国开始，古埃及人开始使用醒目的红点作为分隔句子的符号，这是僧侣体文字的两项创新。文字愈发朝着草体和简洁的方向演变，促进了文字在更广泛领域内的使用，更多不同出身的人也随之跻身抄写员之列。

结 在象形文字中，用芦苇绳打成的特定的结代表法老的名字。

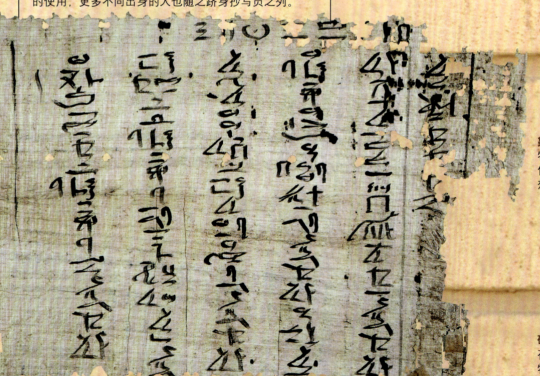

象形 象形文字中的动物形象一般源于自然，但同时也存在大量人为想象的动物形象。

确定性标志 古埃及人在象形文字中加入某些特殊标志，用以代表物体或生物。

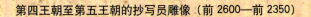

第四王朝至第五王朝的抄写员雕像（前 2600—前 2350）

抄写员阶级

抄写员负责书写圣文、信件、报告和进行户籍登记。他们用特殊的细棍在纸莎草纸上进行书写（如下图中的细杆，可书写黑色和红色的文字）。抄写员这个职业具有宗教属性，因此，他们在附属于寺庙的专门学校里接受教育。抄写员通常子承父业，在同一家族中代代相传。

音标 古埃及人在象形文字中加入了简单的音标。

动物图形 在象形符号里十分常见，并且每个图形都具有不同的含义，甚至可以用音素表示。例如，猫头鹰对应音素符号M。

表意文字 也称图画文字，与其他符号结合使用，一同构成象形文字，从具体术语到抽象的概念和思想均可表达。

罗塞塔石碑

在亚历山大港以东 70 千米的罗塞塔市被发现，是古埃及文字独一无二的见证者。石碑上的文本使用了象形文字、世俗体文字和希腊文字雕刻，为破译当时仍是巨大难题的法老文字带来了巨大进展。

❖ 罗塞塔石碑，由历史学家让·弗朗索瓦·商博良于1822年破译。

埃及的两种视野

考古学用挖掘出来的古埃及遗迹（包括象形文字、丧葬建筑、雕塑、壁画等）让现代人对古埃及有了更加全面的了解。然而，普世文化里对古埃及有两种非常重要的视角，也就是伟大的希腊历史学家希罗多德和《圣经》这两种外来文化对埃及传统文化的凝视，后者在《旧约》中保留了关于被囚禁在埃及的以色列俘虏，以及他们重获自由的故事。两种视角都揭示了这个古老文明中非常关键的部分。

"摩西正在接受律法石板"，洛伦佐·吉贝尔蒂（1378--1455）雕刻的《天堂之门》浮雕

囚徒出走文

《出埃及记》是《旧约》的第二本书，讲述了被法老囚禁的犹太人于公元前1250年左右离开埃及的故事。故事描述了埃及的奴隶制、金字塔的建造、法老的殿堂（虽然与拉美西斯有关，但并未提及其名字）、巫师和瘟疫，其中瘟疫被视为神灵对埃及的惩罚。《圣经》的结局是以色列人恢复了自由之身，穿越红海（芦苇海）和沙漠前往上帝对他们的应许之地（即现在的巴勒斯坦）。上帝在西奈山将写有法律的石板交给摩西，逾越节正是来自这个故事，节日名称来自希伯来语动词"pasaj"，意为"经过"，暗示传说在解放前夕"上帝曾经经过埃及"。

文艺复兴时期创作的希罗多德雕像

《历史九卷》

公元前484年左右，即薛西斯一世攻打希腊的前夕，希罗多德出生于小亚细亚的哈利卡纳素斯。公元前425年，他在雅典去世。希罗多德是民主忠实的拥护者，而他所在城市的统治者吕戈达米斯对人民非常残暴，面对波斯的侵略者却卑躬屈膝。希罗多德对此深感愤怒，参与了起义。起义失败后，他被迫在萨摩斯流亡十年。他利用这段时间游览了海拉斯、巴比伦、科尔基斯、叙利亚、马其顿、利比亚、昔兰尼和埃及。在埃及期间，从尼罗河口到阿斯旺，他用了四个月穿越了这个古老的法老帝国。他试图破译象形文字，但以失败告终。尽管如此，正如他在《历史九卷》中记载的那样，他为古埃及帝国的艺术和社会架构中蕴含的智慧所折服。他坚持客观呈现其他民族的风土人情全貌，而非像希腊人那样轻蔑地用"野蛮人"对其他民族一语概之，正因为如此，他也被尊为"史学之父"。

在西奈　从埃及出发后，当犹太人在西奈山脚下扎营时，摩西受到上帝召唤，登上山顶，上帝向他亲授了刻有十条诫命律法的石板，即《十诫》。

与犹太人一起　正如《出埃及记》中记载，其他奴隶也和犹太人一同离开埃及："除了由六十万名成年人组成的浩浩荡荡的队伍，还有各个阶层的成人和孩子；大群的绵羊和奶牛也鱼贯而出。"

《圣经》记载　摩西登上西奈山后，逃离埃及的人深有被遗弃之感。这在人群当中引起了极大恐慌。

五部文学作品

　　古埃及所有纪念碑上都刻有早期的象形文字，如下图在梅汝卡（Mereruka）墓中发现的浮雕。用图像可以进行象征性的表达，但埃及人认为这种表达方式仍不到位，于是发明了 24 种声音标志。这决定性的一步加速了文学的出现，包括在宗教之外的文学领域。

1　《普塔霍特普格言》　包含维齐尔·普塔霍特普对衰老和其他问题的探讨。

2　《一个绝望之人与其灵魂的对话》　这是一部宗教文本，叙述了死者的灵魂自死亡的那一刻起需要克服的挑战和障碍。

3　《辛奴亥的故事》　讲述了法老阿蒙涅姆赫特的高级官员的故事。

4　《能言善辩的农民》　讲述一个埃及农民在遭遇了一名小官僚的抢劫和毒打之后，多次申诉以求公正，最终凭借他优秀的口才取得胜利的故事。

5　《海难故事》　描述了一个海难中幸运的生还者在穿越努比亚后重返故乡的故事。

博物馆中的埃及

在全世界的大型博物馆中均可见到古埃及珍宝的身影。古埃及珍品散落在世界各地，或缘于历史上的大肆掠夺，或源于不明捐赠和不平等交换。1983 年起埃及政府禁止将考古文物运送出境。即使这一措施可以有效保护文物，但已无法弥补古埃及在历史长河中（至少自被罗马占领以来）遭受的破坏。无论如何，开罗博物馆仍是公认的古埃及文物最丰富的博物馆。◆

古埃及的细颈油罐，可追溯至公元前1567—前1320年

都灵埃及博物馆

位于意大利都灵的埃及博物馆收藏了罗马统治时期价值连城的埃及艺术品。博物馆始建于1824 年，其藏品包括从旧石器时代到科普特时期的 3 万多件物品。

方尖碑

这是古埃及献给普世文化的不朽遗产。这类纪念碑的竖立通常是为了纪念某些影响深远的事件，例如战争、加冕礼或宣布独立。

❖ 罗马人在统治尼罗河流域期间将埃及的方尖碑带到了意大利，现位于罗马的人民广场。

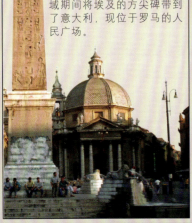

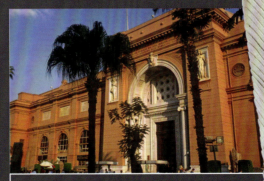

埃及开罗博物馆

埃及开罗博物馆收藏了最多古埃及法老时期的文物，拥有超过 12 万件物品，分门别类进行展览。博物馆位于开罗的解放广场，由法国建筑师马塞尔·杜尔尼翁设计，于 1902 年开馆。自 1922 年以来，博物馆的藏品数量有了惊人的增长，这要归功于英国考古学家霍华德·卡特及其赞助人加纳文勋爵。卡特在卢克索对面的帝王谷中发现了图坦卡蒙之墓，3 500 多件珍宝得以重见天日。博物馆坚持向掠夺过埃及的国家的博物馆讨回艺术品，有时会进行频繁的追讨。

❖ 有着猎鹰头部的木乃伊（公元前1世纪），埃及开罗博物馆藏品。

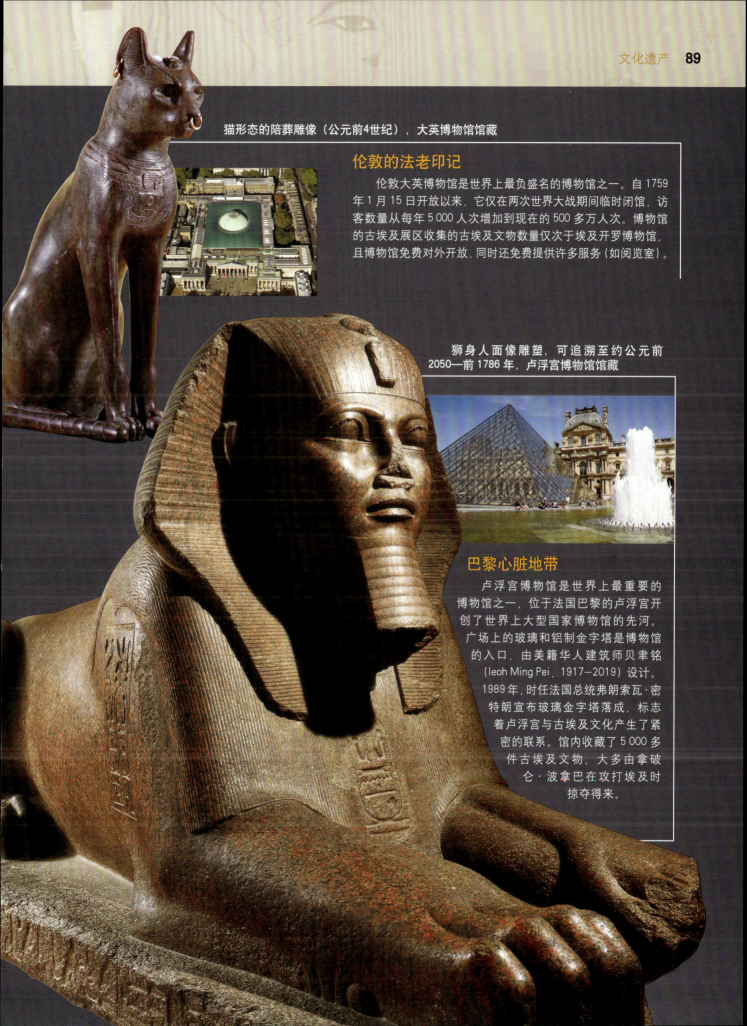

猫形态的陪葬雕像（公元前4世纪），大英博物馆馆藏

伦敦的法老印记

　　伦敦大英博物馆是世界上最负盛名的博物馆之一。自1759年1月15日开放以来，它仅在两次世界大战期间临时闭馆，访客数量从每年5 000人次增加到现在的500多万人次。博物馆的古埃及展区收集的古埃及文物数量仅次于埃及开罗博物馆，且博物馆免费对外开放，同时还免费提供许多服务（如阅览室）。

狮身人面像雕塑，可追溯至约公元前2050—前1786年，卢浮宫博物馆馆藏

巴黎心脏地带

　　卢浮宫博物馆是世界上最重要的博物馆之一，位于法国巴黎的卢浮宫开创了世界上大型国家博物馆的先河。广场上的玻璃和铝制金字塔是博物馆的入口，由美籍华人建筑师贝聿铭（Ieoh Ming Pei，1917—2019）设计。1989年，时任法国总统弗朗索瓦·密特朗宣布玻璃金字塔落成，标志着卢浮宫与古埃及文化产生了紧密的联系。馆内收藏了5 000多件古埃及文物，大多由拿破仑·波拿巴在攻打埃及时掠夺得来。

纪年表

古埃及的历史可以追溯到远古时代。尽管历经了时间的风雨，但古埃及文化仍然保留了自己的特质，即使在被波斯、希腊和罗马等新兴大国侵占之时，也能与不同的文化兼容并包。不过，在这些古文化中，只有古埃及文化在历史上留下了专属的印记。古埃及不同王朝的更迭让历史学家能够区分不同的历史时期，并重现王朝的演变兴衰。尽管经历了多次内部冲突和外部战争，但尼罗河之国文明的延续程度仍让人惊叹不已。

前2920
前王朝时期终结
泽肯（蝎子王）
那尔迈

早王朝时期
前2920—前2770
第一王朝
美尼斯
哲尔
瑞内博
登
阿涅德吉布
瑟莫赫特
卡

前2770—前2649
第二王朝
赫特普塞凯姆威
拉内布
尼涅提耶尔
伯里布森

前2649—前2630
第三王朝
萨那克特（即内布卡一世，前2649—前2630）
左塞尔（前2630—前2611）
塞汉赫特（前2611—前2603）
哈巴（前2603—前2599）
胡尼（前2599—前2575）

古王国
前2575—前2134

前2575—前2465
第四王朝
斯尼夫鲁（前2575—前2551）

胡夫（前2551—前2528）
拉迪耶迪夫（前2528—前2520）
哈夫拉（前2520—前2494）
孟卡拉（前2490—前2472）
谢普塞斯卡弗（前2472—前2467）

前2465—前2323
第五王朝
乌塞尔卡夫（前2465—前2458）
萨胡拉（前2458—前2446）
内弗尔卡拉（前2446—前2426）
谢普塞斯卡拉（前2426—前2419）
兰尼弗雷夫（前2419—前2416）
纽塞拉（前2416—前2392）
门卡霍尔（前2396—前2388）
杰德卡拉（前2388—前2356）
乌纳斯（前2356—前2323）

前2323—前2150
第六王朝
特提（前2323—前2291）
佩皮一世（前2289—前2255）
莫润尔（前2255—前2246）
佩皮二世（前2246—前2152）

前2150—前2134
第七王朝至第八王朝
尼夫考胡尔（期间法老朝更迭，政局多变）

第一中间期
前2134—前1991

前2134—前2040
第九王朝至第十王朝
期间法老有：涅菲尔卡勒、奈布卡拉·罕提二世、赛图特

第十王朝
底比斯王朝
因提夫一世（前2134—前2118）
因提夫二世（前2118—前2069）
因提夫三世（前2069—前2061）
孟图霍特普二世（前2061—前2010）

孟图霍特普三世（前2010—前1998）

中王国
前2040—前1783

前2040—前1991
第十一王朝
（埃及统一）
孟图霍特普二世（前2061—前2010）
孟图霍特普三世（前2010—前1998）
孟图霍特普四世（前1998—前1991）

前1991—前1783
第十二王朝
阿蒙涅姆赫特一世（前1991—前1962）
塞索斯特里斯一世（前1971—前1926）
阿蒙涅姆赫特二世（前1929—前1892）

前1640
塞索斯特里斯二世（前

1897—前1878）
塞索斯特里斯三世（前1878—前1841）
阿蒙涅姆赫特三世（前1844—前1797）
阿蒙涅姆赫特四世（前1799—前1787）
塞布科尼夫露王后（前1787—前1783）

第十三王朝
在此期间统治埃及的70位法老当中，以下尤为突出：
威格夫（前1783—前1779）
阿蒙涅姆赫特五世
哈内德杰里奥夫
阿蒙尼·基摩
索贝克霍特普一世
何珥
阿蒙涅姆赫特七世
索贝克霍特普二世
汗杰
索贝克霍特普三世（前1745左右）
耐夫侯特普一世（前1741—前1730）
索贝克霍特普四世（前1730—前1720）
索贝克霍特普五世（前1720—前1715）
阿雅（前1704—前1690）
门图姆扎夫
德杜摩斯一世
德杜摩斯二世

❖ **作战马车** 喜克索斯人驾驶此车到达古埃及，并携带着装有青铜尖端的箭和亚洲复合弓。

从第一王朝到第八王朝
第一座金字塔矗立在地平线上

在统一上埃及和下埃及王国之后，国王美尼斯（Menes；别名那尔迈，Narmer）在孟菲斯建立了首都。古王国由此诞生。在此期间，埃及人发明了历法，象形文字也得到发展。经济水平的大幅提高加速了科学发展的脚步，先进的灌溉技术和排水工程有效促进了农业技术的提升。从政治力量巩固，到第一篇有关外科手术的论文诞生，埃及国力快速提升。公元前2630—前2528年，建筑师伊姆霍特普设计了第一座金字塔——萨卡拉阶梯金字塔，而法老胡夫则建起了位于吉萨的胡夫大金字塔。拉神落座在赫里奥波里斯市的万神殿，由此成为太阳神崇拜的中心。法老排除了地方势力的阻碍，推行了中央集权的垂直统治模式。

耐夫侯特普三世（前1704—前1690）

第十四王朝
此期间的法老并无重要历史地位，一些埃及学家认为，其中部分法老属于第十三王朝和第十五王朝。

第二中间期
前1690—前1550

前1550—前1307
第十五王朝（喜克索斯王朝）
萨利提斯
塞斯
基安
阿波斐斯（前1585—前1542）
哈姆迪（前1542—前1532）

第十六王朝
与第十五王朝同时代，不具重要历史地位的喜克索法老。

第十七王朝
底比斯法老。包括：
因提夫五世（前1640—前1635）
塞拜克艾姆萨夫一世
内必瑞耶拉
塞拜克艾姆萨夫二世
塔阿一世
塔阿二世
卡摩斯（前1555—前1550）

新王国
前1550—前1070

前1550—前1307
第十八王朝
阿赫摩斯（前1550—前1525）
阿蒙霍特普一世（前1525—前1504）
图特摩斯一世（前1504—前1492）
图特摩斯二世（前1492—前1479）
图特摩斯三世（前1479—前1425）
阿蒙霍特普二世（前1427—前1401）
图特摩斯四世（前1401—前1391）
阿蒙霍特普三世（前1391—前1353）
阿蒙霍特普一世（前1525—前1504）

图特摩斯一世（前1504—前1492）
图特摩斯二世（前1492—前1479）
图特摩斯三世（前1479—前1425）
阿蒙霍特普二世（前1427—前1401）
图特摩斯四世（前1401—前1391）
阿蒙霍特普三世（前1391—前1353）
阿蒙霍特普四世，埃赫那吞（前1353—前1335）
斯蒙卡拉（前1335—前1333）
图坦卡蒙（前1333—前1323）

前1307
阿伊（前1323—前1319）
霍勒姆赫布（前1319—前1307）

前1307—前1196
第十九王朝
拉美西斯一世（前1307—前1306）
塞提一世（前1306—前1290）
拉美西斯二世（前1290—前1224）
麦伦普塔赫（前1224—前1214）
塞提二世（前1214—前1204）
阿蒙麦西斯·西普塔赫

❖ **法老佩皮二世** 雪花石膏小雕像，表现了幼年时期的佩皮二世坐在母亲安赫内斯·梅里王后的膝上。

（前1204—前1198）
塔沃斯塔王后（前1198—前1196）

第二十王朝
塞特纳赫特（前1196—前1194）
拉美西斯三世（前1194—前1163）
拉美西斯四世（前1163—前1156）
拉美西斯五世（前1156—前1151）
拉美西斯六世（前1151—前1143）

❖ **巨型雕塑** 法老哈夫拉的雕像，埃及巨型雕塑的一个实例。其创作时期可以追溯至公元前26世纪。荷鲁斯神的动物形态猎鹰在其背上展开双翅。

从第九王朝到第十二王朝

上下埃及的冲突

公元前2134年，第九王朝登场。王朝的行政权力高度集中化，激怒了各诺姆的领袖，手握地方大权的封建领主利益受到牵连。上埃及和下埃及之间的紧张局势加剧，一直虎视眈眈的努比亚部落趁虚而入。然而，第十王朝政府未能改变饥荒肆虐的混乱局势，盗窃金字塔财富的行径已成家常便饭。前2040年，第十一王朝的代表阿蒙霍特普重新统一了上埃及和下埃及，这位法老主张对阿蒙神的崇拜，并将首都迁至底比斯。经济的复苏让更多大型建筑拔地而起。不过，在后续王朝中，将奥西里斯奉为死神的崇拜更为广泛。

拉美西斯七世（前1143－前1136）
拉美西斯八世（前1136－前1131）
拉美西斯九世（前1131－前1112）
拉美西斯十世（前1112－前1100）
拉美西斯十一世（前1100－前1070）

第三中间期
前1070－前712

前1070－前712
第二十一王朝
斯蒙迪斯（前1070－前1044）
阿蒙涅姆尼苏（前1044－前1040）
普苏森尼斯一世（前1040－前992）
阿蒙涅姆普（前993－前984）
奥索尔康一世（前984－前978）
西阿蒙（前978－前959）
普苏森尼斯二世（前959－前945）

前945－前712
第二十二王朝
舍顺克一世（前945－前924）
奥索尔康二世（前924－

前909）
塔克罗特一世（前909－？）
舍顺克二世（？－前883在位）
奥索尔康三世（前883－前855）
塔克罗特二世（前860－前835）
舍顺克三世（前835－前783）
帕米（前783－前773）
舍顺克四世（前773－前735）
奥索尔康四世（前735－前712）

前828－前712
第二十三王朝
该时期政治动荡，数个法老同时掌权，首府包括底比斯、埃拉克雷奥波利斯、莱昂托波利斯和塔尼斯。仅有以下几位法老有明确记载的历史信息：
帕杜巴斯特一世（前828－前803）

❖ **公主** 公元前14世纪打造的第十八王朝公主半身雕像。

奥索尔康五世（前777－前749）
帕夫那阿维巴斯太特（前740－前725）

前724－前712
第二十四王朝
又称塞易斯王朝：
特弗纳赫特（前724－前717）
波科里斯（前717－前712）

前712－前657
第二十五王朝
统治努比亚和底比斯地区的法老为：
卡施塔（前770－前750）
皮耶（前750－前712）

王朝晚期
前712－前332

前712－前657
第二十五王朝
统治努比亚和整个埃及的法老为：
沙巴卡（前712－前698）
摄比特库（前698－前690）
塔哈卡（前690－前664）
坦沃塔玛尼（前664－前657）

❖ **"蛇王"** 制作于约公元前3000年的石碑，以纪念法老的继任者之一"蛇王"。碑身高度为1.43米，从阿拜多斯的陵墓中发掘得来。

前664－前525
第二十六王朝
尼科一世（前672－前664）
普萨美提克一世（前664－前610）
尼科二世（前610－前595）
普萨美提克二世（前595－前589）
阿普里伊（前589－前570）
阿玛西斯（前570－前526）
普萨美提克三世（前526－前525）

前525－前404
第二十七王朝
又称波斯王朝，法老代表有：
冈比西斯（前525－前522）
大流士一世（前521－前486）
薛西斯一世（前486－前466）

前380
阿尔塔薛西斯一世（前465－前424）
大流士二世（前424－前404）

前404－前399
第二十八王朝
阿米尔塔尼乌斯（前404－前399）

第二十九王朝
尼发鲁德一世（前399－前393）
普撒穆提斯（前393）
哈考尔（前393－前380）
尼发鲁德二世（前380）

前380－前343
第三十王朝
奈科坦尼布一世（前380－前362）
塔科斯（前365－前360）
奈科坦尼布二世（前360－前343）

前343－332
第二次波斯统治期
阿尔塔薛西斯三世（前343－前338）
阿尔塞斯（前338－前336）
大流士三世（前335－前332）
卡巴巴希（前332）

希腊时期
前332－前30

前332－前304
马其顿王朝
亚历山大大帝（前332－前323）
菲利普·阿黑大由斯（前323－前316）
亚历山大四世（前316－前304）

从第十三王朝到衰败
在入侵埃及的侵略者中，罗马胜者为王

公元前 18 世纪，即第十三王朝至第十七王朝期间，喜克索斯人进军埃及帝国并掌控大权，他们对埃及文化做出了巨大贡献，从新的编织技术和战车模型，到七弦琴和琵琶，各种新事物为埃及注入了全新血液。公元前 1450 年，新王国诞生。法老阿赫摩斯赶走了喜克索斯人，埃赫那吞在阿马纳建立了新首都。在接下来的朝代里，直至第三十王朝终结前，努比亚人、希腊人和波斯人先后征服埃及领土，法老大权旁落。公元前 332 年，亚历山大大帝（Alejandro Magno）征服埃及并建立了亚历山大港。亚历山大的继任者缺乏政治铁腕，但在其任期内，文化发展却闪耀着独特的光芒。公元前 30 年，埃及落入罗马之手，从此一蹶不振。

前304－前230
托勒密王朝

这一时期，部分国王共同统治埃及不同地区，或各自同时独立统治，这给考古工作带来了一定困难。其中还有几位与王后共同执政，王后包括阿尔西诺伊、克利奥帕特拉和贝伦尼斯。

该王朝的法老包括：

托勒密一世·索塔尔一世（PTOLOMEO I SOTER I，前304－前284年在位）

托勒密二世·费拉德尔甫斯（PTOLOMEO II FILADELFO，前285－前246年在位）

托勒密三世·欧厄尔葛忒斯一世（PTOLOMEO III EVERGETES I，前246－前221年在位）

托勒密四世·菲洛帕托尔（PTOLOMEO IV FILOP TOR，前221－前205年在位）

霍尔温尼菲尔（前205－前199）

安克温尼菲尔（前199－前186）

托勒密五世·埃庇法涅斯（前205－前180）

前180－前30
托勒密六世（前180－前164）

托勒密七世·菲拉帕托尔（前163－前145）

托勒密八世（前170－前163）

菲拉帕托尔（前163－前145）

托勒密八世（前145－前116）

欧厄尔葛忒斯二世·费斯康（前145）

托勒密七世·尼奥斯（前145）

菲拉帕托尔（前145）

哈尔西斯（前131）

克利奥帕特拉三世（前107－前88）

拉（前107－前88）

托勒密九世·索塔尔（前116－前107）

托勒密十世·亚历山大一世（前107－前88）

托勒密九世·索塔尔二世（前88－前81）

克利奥帕特拉·贝伦尼斯（前81－前80年在位）

拉（前81－前80）

托勒密十一世·亚历山大二世（前80）

托勒密十二世·尼奥斯（前80－前58）

狄奥尼索斯·奥莱特（前55－前51）

贝伦尼斯四世（前58－前55）

拉（前58－前55）

克利奥帕特拉七世（前51－前30）

拉（前51－前30）

托勒密十三世（前51－前47）

托勒密十四世（前47－前44）

托勒密十五世（前44－前30）

前30
罗马皇帝

奥古斯都（前30－14）

提比略（14－37）

卡利古拉（37－41）

克劳狄乌斯（41－54）

尼禄（54－68）

加尔巴（68－69）

奥托（69）

韦帕芗（69－79）

提图斯（79－81）

多米提安（81－96）

涅尔瓦（96－98）

图拉真（98－117）

哈德良（117－138）

安东尼·庇护（138－161）

马可·奥勒留（161－180）

路奇乌斯·维鲁斯（161－169）

康茂德（180－192）

塞普蒂米乌斯·塞维鲁（193－211）

卡拉卡拉（CARACALLA，198－217年在位）

盖塔（GETA，209－212在位）

马克里努斯（MACRINO，217－218年在位）

迪亚杜门尼安（DIADUMENIANO，218年在位）

亚历山大·塞维鲁（ALEJANDRO SEVERO，222－235年在位）

戈尔迪安三世（GORDIANO III，238－244年在位）

菲利普（FILIPO，244－249年在位）

德基乌斯（DECIO，249－251年在位）

加卢斯和沃鲁西安努斯（GALO，VOLUSIANO，元251－253年在位）

瓦勒良（VALERIANO，253－260年在位）

加里恩努斯（GALIENO，253－268年在位）

小马克利亚努斯和奎伊图斯（MACRIANO Y QUIETO，260－261年在位）

奥勒良（AURELIANO，270－275年在位）

普罗布斯（PROBO，276－282年在位）

戴克里先（DIOCLECIANO，284－305年在位）

马克西米安（MAXIMIANO，286－305年在位）

伽列里乌斯（GALERIO，293－311年在位）

❖ **"孟卡拉三柱神"** 孟卡拉法老众多的三柱神之一与其妻子哈托尔，以及一个本地神一同出现。雕刻年代可以追溯到公元前 26 世纪。

术语表

阿匹斯神牛

古埃及人的神灵，与太阳崇拜有关，外形如牛。其最高敬拜场所为孟菲斯，在那里，阿匹斯神牛同普塔和奥西里斯一同出现。

八元神

为八个神灵的组合（通常分为四对），象征着创造万物之前的世界状态。包括代表原始水域的努恩和纳乌奈特、代表无限空间的胡和哈乌赫特、代表黑暗的库克和卡乌凯特，以及代表隐藏之物的阿蒙和阿玛乌奈特。

巴

埃及人用来指代某种人格的众多术语之一，希腊人后来将其用于指代灵魂的概念。其与神性和权力相关，因而众神和法老拥有许多"巴"。

殡葬锥

一种高约30厘米的陶瓷器皿，多见于底比斯王朝的陵墓中。通常用刻有死者头衔和姓名的印章对其进行封顶。早期被插入墓穴的底部，并水平一字排开。

草书

一种适合快速书写的字体形式，在僧侣体文字和世俗体文字中运用较多，公元前1世纪就已消亡。"草书象形文字"是一种经过特别简化的符号，用墨水书写，并用于宗教和丧葬文本。

叉铃

向女神哈托尔献奏时常用的弦乐器，广泛用于宗教仪式上。在丹达拉地区，叉铃是祭祀用品。

持旗者

高级军事职位，全称是"两国君主旗帜的持有者"，君主指上埃及和下埃及的法老。其职位相当于一个掌管250人连队的官员。

持扇官

相当于现今的部长头衔，通常由皇室成员或贵族担任。持扇官通常立于法老的右侧，这一位置被视作神圣之位。

崇拜者女神

阿蒙神崇拜仪式中特有的职位，在底比斯由妇女担任，且必须为未婚女人。一般由法老家族的一位公主担任。除了承担宗教角色，她还在政治冲突中充当调解人。

大祭司

宗教最高权威，其职权范围仅限当地，因为法老才是全埃及实际上的最高祭司。该职位通常会有其他命名，例如在底比斯，大祭司被称为"阿蒙的第一位先知"，而在孟菲斯则被称作"手工匠的最高掌管者"，在赫利奥波利斯被称为"最具先见之明的人"。

带翅太阳盘

太阳盘两侧有一对展开的翅膀，这种形象可追溯到第一王朝时期，与荷鲁斯神相关，象征太阳。自新古典主义诞生以来，类似这种形式的设计在整个西方的建筑中被广泛采用。

荷鲁斯之名

通常作为法老的首名，以

帝王尊号

法老"王名框"中的第一个名字，在法老登基时自封。通常加有赞美称谓，如"最勇敢者"。

顶板

叠放在柱头上并支撑过梁柱的矩形石块。

方尖碑

整体式的锥形柱，通常由粉红色花岗岩制成，顶部是一个方尖碑。该词汇源于希腊语的"拨火棍"，起源于阳具和太阳符号。方尖碑一般成对建立在陵墓入口外侧，通常为祭祀所用。

方尖锥

金字塔或方尖碑上顶尖的顶石，通常覆盖有神圣符号和象形文字，具有象征性。

肥力

尼罗河潮涨潮落带来的淤泥肥力旺盛，因此，肥力是古埃及最受尊敬的属性之一。寺庙的墙基有数种象征肥力的人像，而且通常是女性形象。

过梁柱

支撑天花板的水平石梁，置于柱子之间或柱子与墙壁之间。

行

用以指代第十一王朝初期在岩石上挖凿的陵墓，该陵墓在山的一侧排布，形成一个行列。

彰显法老是与太阳崇拜相关的荷鲁斯神的直接代表。

金字塔

古埃及主要的丧葬建筑，作为法老的陵墓。最著名的金字塔是吉萨高原的胡夫、哈夫拉和孟卡拉金字塔。

巨像

大于实际尺寸的雕像，通常是法老或神灵的雕像。大多位于寺庙或金字塔的门廊里，被视作人与神之间的中介。

卡

古埃及人认为的可能与生育有关的人格面。人死之后，"卡"会进入人的身体，若供奉有祭品以维持其生存，"卡"就会作为人的第二灵魂继续存在。

库什总督

新王国时期努比亚的行政官，最初被称为"法老的儿子"，后又被称为"库什法老的儿子"。

朗读者祭司

负责朗诵寺庙中的葬礼经文，斜挎一条白色的宽条带在胸前，作为其身份的标志。

列柱廊

建有圆柱的走廊，通常同带有门廊的柱廊一样，围绕在寺庙和船坞外侧。亚历山大时期的一些房屋外也建有此类走廊。

马斯塔巴

阿拉伯语，意为"长凳"，用于命名某种特定类型的陵墓。马斯塔巴的上层建筑的基本形状是矩形，屋顶平整，若墙壁用土坯和砖砌而成，则墙面垂直；若由石头砌成，则稍微倾斜。

门楼

在寺庙的建筑入口处，由一对塔楼组成，中央有一个开口。通常建成门厅的形式，墙壁表面倾斜。

尼罗河丈量仪

一段下降至尼罗河水面的楼梯，其上标出了下游的水位，以测量河水涨退。

诺姆主

希腊语词汇，指古埃及各个州（即"诺姆"）的主要官员。作为大片领土的拥有者，诺姆主是国王或地方行政长官的候选人，头衔世袭，在法老统治下对领土拥有一定的自治权。

塞拉赫

宫殿或圣区的砖砌面，上部有一个矩形平面，荷鲁斯的标志物鹰通常雕刻在矩形的顶部。

赛德节

庆祝君主重生的仪式，首次仪式往往在君主统治三十年后进行，然后每隔三年庆祝一次。

僧侣体（祭祀体）文字

神圣文本常用的字体形式，通常书写在纸莎草纸或陶片上，由此得名（在希腊语中，"hieros"意为神圣）。僧侣体文字弃用了原来的象形

文字形式，文字间相互联结。

神之父

新王国的神职头衔，地位远高于普通祭司（亦被称为"纯洁祭司"）的头衔，但低于"占卜祭司"或"先知"。

生殖神

指以生殖崇拜为代表的神灵，其中包括敏神、阿蒙（卢克索地区），有时也包括奥西里斯。

圣殿船

在节日游行中，神灵的雕像被带出圣殿外，安置在圣殿船上，由劳工肩扛前行。无宗教活动时，船则停泊在尼罗河两岸。

圣蛇乌赖乌斯

竖立在法老额头或王冠上的眼镜蛇，埃及皇室的象征。这条眼镜蛇与女神瓦吉特或太阳有关。

石碑

竖直的矩形石板，上有文字、浮雕、版画或绘画。祈愿碑和纪念碑置于寺庙内，而葬礼碑则作为陵墓的装饰。

世俗体文字

僧侣体文字的变体，在公元前7世纪的古埃及北部得到发展。最后一本用世俗体文字书写的文本于公元452年写成。

斯帕特

古埃及领土区划中的小国家。

塔拉塔特

阿拉伯语词汇，意为"三个拃"，即建造阿蒙霍特普四世埃赫那吞神庙所用石块的长度。

陶片

用于书写的石灰石片，在古埃及人中被广泛使用。大部分陶片使用僧侣体文字或世俗体文字。

《亡灵书》

咒语和魔法公式的合集，通常写在纸莎草纸上，与木乃伊一起放置在坟墓的石棺内。在已挖掘出土的选集里发现了200种礼仪公式。部分公式使用频率较高，在每个副本中都有所不同。

王名框

呈长椭圆形，下部有一条水平线段穿过，内部写有第四王朝法老的名字。

维齐尔

古埃及政府中最高级别的官员。新王国时期有两个维齐尔，一个统治底比斯，另一个则在孟菲斯掌权。从那时起，维齐尔的权力被大幅削弱。

象形文字

希腊词汇，指古埃及文字里的一种符号，在纪念碑中使用尤多。象形文字几乎都是清晰可辨的人物、植物、动物形象的绘画或版画。

楔形文字

相传是在楔形黏土板上描画的文字。阿卡德语是美索不达米亚的通用语言，在公元前

2000年左右曾被用作外交语言使用，大大促进了这种文字的发展，后使用范围遍及巴勒斯坦，最后传到尼罗河谷。

衣冠冢

用于举行丧葬仪式的坟墓或遗址。该地并非真正用于存放尸体，仅作象征纪念之用。衣冠冢通常加盖于真正墓葬之处。

印玺掌管者

古埃及第十二王朝时期的行政头衔，由皇家财政部的高级官员担任。

预言家

祭司头衔，加以神的名字，例如"荷鲁斯先知"。先知祭司被认为具备预测未来的能力。

纸莎草

属于莎草科的水生植物，是非洲和亚洲西南部的典型植物，生长在湖泊和河流附近，尼罗河两岸尤多。古埃及人专门从其茎上切下薄片，在阳光下晒干并使用黏土对其进行特殊处理，制成纸张，用来书写经文、信件、商业文件和记录人口信息。

柱式大厅

一种由多根柱子构成的大厅，一般占据了古埃及寺庙中相当大的面积，呈现复杂的象征意义。